아직도 설레이는

아직도 설레이는

초판 1쇄 발행 2015년 11월 25일

지은이 최순향 외
펴낸이 장길수
펴낸곳 지식과감성#
출판등록 제2012-000081호

디자인 양보영
편집 이현, 양보영
교정 이인영
마케팅 안신광

주소 서울시 금천구 가산동 60-5 갑을그레이트밸리 B동 507호
전화 070-4651-3730~4
팩스 070-4325-7006
이메일 ksbookup@naver.com
홈페이지 www.knsbookup.com

ISBN 979-11-5528-538-1(03810)
값 30,000원

ⓒ 최순향 외 2015 Printed in Korea

이 책의 전부 또는 일부 내용을 재사용하려면 사전에 저작권자와 펴낸곳의 동의를 받아야 합니다.

이 도서의 국립중앙도서관 출판예정도서목록(CIP)은 서지정보유통지원시스템
홈페이지(http://seoji.nl.go.kr)와 국가자료공동목록시스템(http://www.nl.go.kr/kolisnet)에서
이용하실 수 있습니다. (CIP제어번호 : CIP2015030528)

홈페이지 바로가기

아직도 설레이는

荷汀 崔順香 先生
古稀記念 奉呈文集

봉정문집간행위원회

바람이면 더욱 좋고
바위는 천년을 두고
네게
꽃이 되고 싶었다

글씨 이정길

돌 꽃

최순향

눈 감고 흘러가는
강물이면 좋았을 걸
거침없이 제길 찾는

奉呈辭

하정(荷汀) 최순향(崔順香) 선생님은 우리 시조문학계에 보석 같은 분입니다. 지령 100호를 넘긴 대표적 시조전문지인 《시조생활》의 주간으로 오래 봉사해 오시며, 왕성한 작품 활동과 후학 지도 등 시조발전에 크게 기여해 오셨습니다. 또한 세계전통시인협회 부회장으로 시조의 국제화에도 앞장서고 계십니다.

선생님을 처음 뵌 건 2011년 늦가을, 냉기가 돌기 시작하는 성보용 선배의 사무실에서였습니다. 시를 공부하자는 선배의 제안에 동의한 책임감 반, 호기심 반으로 사무실에 갔었고, 거기서 선생님, 그리고 함께 공부할 두 분(권정숙 시인과 김기자 시인)도 만나게 되었습니다.

선생님의 첫인상은 단아했고, 안경 너머 숨어 있는 눈빛은 여학교 시절에도 저랬을 거라는 생각이 들었습니다.

시조가 무엇인지, 우리 민족에게 그리고 문학사적으로 어떤 의미를 지녔는지, 어떤 구조로 되었는지, 어떻게 써야 되는지 등에 대하여 강의하시는 선생님을 보면서 신기하기만 했습니다.

약학을 전공하셨다는데, 시조는 물론 문학 전반에 걸쳐 막힘이 없었고, 동서양의 고전을 자유롭게 넘나들었습니다. 두세 시간 동안 자세를 흐트림이 없었고, 때때로 적절하게 구사하시는 유머는 우리의 피로를 날려 보내기에 충분했습니다.

그렇게 시조 공부를 시작한 지도 어언 4년이란 세월이 흘렀습니다. 그동안 선생님의 지도를 받으려는 분들이 참여하여 열 분의 시조시인들로 삼소회(三笑會)라는 동인회를 결성했습니다.

아직은 부족하기 짝이 없지만, 우리가 등단도 하고 나름대로 작품 활동을 하게 된 것은 두말할 나위 없이 선생님의 지도 덕분임을 회원들은 잘 알고 있습니다. 그래서 늘 선생님에 대한 고마운 마음을 갖고 있던 터에, 올해 선생님의 칠순을 맞이하여 문집을 봉정하기로 뜻을 모았습니다.

스승과 제자의 작품을 한데 모으는 것이 의미 있을 것 같아 선생님의 주옥같은 시조와 평론을 엄선하고, 여기에 회원들의 작품을 덧붙여 한 권의 책으로 엮었습니다.

우리를 시조시인의 길로 인도해 주시고, 좋은 가르침을 주시는 선생님께 회원들의 감사의 마음을 담아 이 문집을 올립니다.

2015년 늦은 가을
봉정문집간행위원회 위원장 이기선

약 력

하정(荷汀) 최순향(崔順香)은
1946년 경북 포항에서 출생하여
포항여자중고등학교를 거쳐 숙명여자대학교 약학대학을 졸업했다.

1997년 시조생활사 제정 제32회 신인문학상(시조부문)
2007년 제9회 시천시조문학상
2010년 제10회 난대시조공로상, 그리고
2012년 제91회 신인문학상(평론부문)을 수상했다.

현재
세계전통시인협회 한국본부 차석 부회장이며,
한국문인협회 이사 및 국제펜클럽 한국본부 회원, 한국시조시인협회 회원,
한국여성시조문학회 이사, 한국여성문인회 회원이다.
시천시조문학상과 난대시조공로상 운영위원이며,
시조생활사 제정 신인문학상 심사위원이기도 하다.
계간《時調生活》주간 겸 발행인 대행으로 있다.

저서로는
《궁수의 하늘》외 다수의 동인시조집이 있으며, 개인 시조집으로는 《긴힛둔 그츠리 잇가》,《옷이 자랐다》가 있고, 그 외 몇 편의 평론을 발표한 바 있다.

가족으로는 남편 의학박사 이정길(李貞吉)과 아들 시형(恃衡), 딸 명재(明宰)가 있다.
아들 시형은 이유경(李有卿)과 결혼하여 성윤(誠潤), 성익(誠益) 남매를 두었으며, 딸 명재는 김태현(金泰鉉)과 결혼하여 가은(佳恩), 가영(佳英) 자매를 두었다.

荷汀 崔順香 先生 近影

自 序

　　매 순간 내가 사랑하는 사람들과 더불어 하늘을 바라보며 땅을 딛고 살아간다는 건 참으로 행복한 일이었습니다.

　　굳이 내 시여야 한다는 생각은 없었습니다. 남의 좋은 작품 읽을 때가 더 행복할 때도 많았습니다. 그런데, 가슴 속에 고여 있는 생각의 편린들과 여기저기 발표한 작품들을 한 번쯤 가지런히 꿰어 보고 싶기도 했습니다.

　　나이 탓일까, 일상을 노래하고 싶었고, 내 주변의 소중함을 기억하고 싶었습니다. 사랑하는 사람들의 주름살과 흰 머리도, 이승과 저승과의 갈림도 아름다웠습니다. 이 모든 것들의 유한함이, 그리고 눈에 잘 띄지 않는 자잘한 내 일상들의 소중함에 가끔 목이 메곤 했습니다. 특히 사람과의 따스한 인연이 나에겐 가장 큰 축복이었습니다.
　　이런 걸 노래하고 싶어서,
　　그래서 그냥 얘기하듯 그동안 쓴 것을 모아 보았습니다.
　　첫 번째 시집은 인연의 아름다움을 노래한 −긴힛든 그츠리잇가−
　　두 번째 시집은 삶의 애틋한 이별을 노래한 −옷이 자랐다− 라고.
　　언젠가 나도 옷이 자라면 옷 속에 숨으리라.

그때까지 사랑하며, 그리고 사랑을 노래하며 살고 싶습니다.

건강이 좋지 않으심에도 축하의 말씀을 써 주신 나의 스승 시천(柴川) 유성규(柳聖圭) 박사님과, 불편한 손목에 붕대를 감고 평설을 써 주신 우석(隅石) 김봉군(金奉郡) 교수님께 온 마음 다해 감사드립니다.

그동안 내가 써놓은 몇 편의 평론과 두 권의 시집, 그리고 삼소회원들의 작품으로 만들어진 이 봉정문집은, 어쩌면 내 삶의 가장 아름다운 인연의 꽃다발이 아닐까 합니다.
삼소회원들에게 진심으로 행복한 감사를 드립니다.

또 여러 시조의 도반들과 함께 영혼의 울림이 오는 시 한 수를 얻기까지 서로가 서로에게 격려와 사랑이 되고 싶습니다.
존경하는, 그리고 사랑하는 남편과 내 아이들—
그 따뜻하고 든든한 울타리가 없었다면 아마도 오늘의 나는 없었을 것입니다. 감사와 사랑을 전합니다.
하나님, 당신의 그 크신 은총에 감사드립니다.

2015년 11월
최순향

賀辭

柳聖圭 / 《時調生活》誌 發行人
世界傳統詩人協會 會長

　시인이자 평론가 하정(荷汀) 최순향(崔順香) 여류께서 고희를 맞으신다.
　최 시인의 문하생들이 봉정용(奉呈用) 고희기념문집을 펴내시니 최 시인과는 오랜 세월 노고를 함께한지라 매우 반갑고 축하의 마음이 앞선다.

　한 시인의 생활환경이나 성장과정, 곧 시적 배경은 그의 시를 제대로 파악하는 잣대가 되는 것이다.
　최 시인은 경상북도 영일군의 산자수명(山紫水明)한 대자연 속에서 오남매 중 오빠 둘, 언니 둘이 있는 막내로 태어나 요조숙녀로 자라났다.
　아버님의 훈도는 공자 왈(孔子 曰)로 시작된다. 최 시인은 엄친의 유가적(儒家的) 선비풍 생활 태도를 그대로 빼닮은 데다, 어머님의 보살핌은 더욱 지엄하여 일거수일투족 흐트러진 데가 없이 반듯하게 자라났다.

　최 시인의 마음씨는 따뜻하고 매사에 성실하며, 책임감이 강하여 솔선수범하는 지극한 모범생으로 알려져 있다.

　최 시인과의 인연은 매우 깊은 편이라, 그의 성정과 행적을 내가 훤히 알고 있는 셈이다. 지금으로부터 18년 전, 최 시인은 내가 발행인으로 있는 《時調生活》지에서 나의 추천으로 등단하면서 그 즉시 등단지인 《時調生活》지의 기자, 편집장, 주간 직을 맡으며 결코 한눈파는 법 없이 노고를 같이 해왔다.

　그뿐인가, 내가 주도해 온 세계전통시인협회에서는 세계 전통시 부흥운동에 앞장서 헌신 봉사하여, 본 회의 차석부회장의 중책을 맡았으니 실로 남다른 족적이다. 최 시인의 작품성, 그 능력 등을 높이 산 한국문인협회에서는 이사로 영입하기에 이른다. 나도 이런 영광을 마음껏 축하하고 기뻐하리라.

　우리 인류는 지금 심한 난국(亂局)을 맞고 있다. 철학의 조명(照明)이 없는 과학 발전으로 발생한 편의주의는 이기주의의 온상이 되어, 권리는 주장하되 의무는 외면하는 불균형에다, 극기력이나 절제력은 날로 잃어가고, 나약한 이기주의자로 전락하여 제멋대로 살고 싶어 한다.

　시조는 그 형식이 까다롭다고 자유시를 선호하는 세태이지만, 근간의 자유시인들이 저도 모르고 나도 모르는 난삽한 시를 써대는 바람에 독자들이 추풍낙엽처럼 떨어져 나갔고, 요새는 시조시인들까지 덩달아 국민들이 전혀 알 수 없는 시조를 써대는 바람에 시조의 앞날도 어두워졌다.

이럴 때 최 시인의 시조다운 시조를 대하니 시든 푸나무가 생기(生氣)을 되찾는 기분이다. 최 시인의 시야말로 철학적 사유에 근거한 시적 볼륨이 끈끈하고 묵직하여 시조의 지평을 열어 제친 다음, 새로운 기풍의 시조 풍토를 조성하였다 할 것이다.

몇 작품을 살펴보기로 한다.

선운사 가는 길 외진 도랑가에서 그대를 만났네 만나졌다네

천년을 땅 속에서 기다린 님하 여미고 여미어 눈길 한번까지도 속으로만 속으로만 다스린 님하 비바람 천둥번개 치던 어느 하루 경천동지 까무러져 세상밖에 돌덩이로 내동댕이쳐진 님하 선운사 길섶에서 나를 기다린 그대여, 동백꽃도 봄 햇살도 그대 입을 열지 못하고 나비의 날갯짓도 이끼의 속울음도 그대 귀를 열지 못했네 못했네 안으로 안으로 녹아내린 울음은 기어이 보살의 미소가 되었네 나는 보았네 내 발자국

소리에 눈감고 미소 지으며 날 반기던 그대를, 무에 그리 부끄러워 눈도 뜨지 못하고 뺨을 붉히던 그대 그 숨결을, 나 그렇게 만났네 만나졌다네 아! 그대 즈믄 해를 외오곰 여신들

　信잇돈 그츠리잇가 信잇돈 그츠리잇가 아, 님하
　　　　　　　　　　　　　　〈信잇돈 그츠리잇가〉

《옷이 자랐다》라는 문집 속의 시들이 한결 빛났지만 그중에서도 〈信잇돈 그츠리잇가〉란 시조는 저력 있는 철학성과 최첨단의 예술성을 지닌 불후의 걸작이라 극찬하고 싶다.

　생각 하나 점을 위해 수직으로 낙하한다
　생각 둘 넓이를 위해 흔들리며 내려앉는다
　하늘이 모자랄까봐 가만히 엎드렸다
　　　　　　　　　　　　　　〈가을 숲에서〉

〈가을 숲에서〉는 우주 창조의 대원칙과 우주 속 삼라만상이 제자리에 놓이기까지의 질서를 차원(次元)으로 언급했다.
　점(點), 곧 0차원에서 2차원인 넓이로 진화한다. 이렇게 활동역(活動

域)이 제시됐다. 복잡다기한 우주현상을 유지키 위한 방법은 곧 동(動)을 살리기 위해 정(靜)을 내세우는 우주 질서를 제시했다. 우주 질서를 필자의 몫으로 끌어들인 독특한 필력을 과시한 점을 매우 높이 사고 싶다.

    구순의 오라버니 옷이 자꾸 자랐다
    기장도 길어지고 품도 점점 헐렁하고
    마침내 옷 속에 숨으셨다 살구꽃이 곱던 날에
                                         〈옷이 자랐다〉

〈옷이 자랐다〉는 오라버니가 나이 들며 왜소해지는 모습이 너무 가슴 아프게 느낀 순간을 기발한 수법으로 처리했다.
  헐렁해진 옷 속의 오라버니 모습 – 옷이 자란 게 아니라 육신이 작아진 반어법(反語法)적 독특한 작법이 이채롭다. 옷 속에서 돌아가신 모습을 숨으셨다고 쓰고 있다. 조용한 가운데 물씬 그립고 가슴 아픈 모습을 유감없이 구현한 수작이다.

  그리고 〈노년, 그 아득함에 대하여 1, 2, 3〉 또한 매우 비중 있는 시조였다.

이 밖에도 〈겨울 심서〉, 〈파도〉, 〈심상〉, 〈고요에 대하여〉, 〈한계〉 등 감명 깊은 작품들이 많았지만 모두 언급하지 못하는 것을 아쉽게 생각한다.

이렇게 좋은 글을 생산해 내신 최 시인의 위업을 마음껏 축하하며, 끝으로 댁내 균안하시고, 건강한 가운데 문단의 기린아로 남아 계속 좋은 작품을 선보여 주시기를 빌겠습니다.

목 차

휘 호/ 이정길 •4
봉정사/ 이기선 •6
약 력 •8
自 序 •10
賀 辭/ 유성규 •12

Ⅰ. 옷이 자랐다

ㄱ •25

가을 숲에서/ 가장家長의 구두/ 갈대와 강물/ 갈 치/ 겨울 숲
겨울 심서心緖/ 고 백 - 자작나무 숲에서/ 고요에 대하여
구 도構圖/ 기억 저편

ㄴ, ㄷ •37

낙 엽/ 너, 그렇게 소리로 오고/ 노년, 그 아득함에 대하여 1 - 베갯모
노년, 그 아득함에 대하여 2 - 흑백 회상
노년, 그 아득함에 대하여 3 - 조각 잠/ 노래방에서/ 돌[石] 꽃

ㅁ •45

마침표/ 메주꽃/ 무슨 꽃이 피려나/ 무슨 일이 있었을까/ 묵墨

ㅂ •51

바람꽃/ 변 용變容/ 보 리/ 보시기에 좋았더라/ 봄 날/ 봄날 연서
봄비 온 뒤/ 분꽃이 핀다/ 빨래가 되고 싶다

ㅅ •61

산다는 건 2/ 3월 모일某日/ 상황 종료/ 생 각
생강꽃과 초승달 – k화백의 전시회에서/ 섣달 그믐밤/ 손 톱
信잇든 그츠리잇가/ 심 상心象

ㅇ •71

안 부/ 5월의 숲/ 옷이 자랐다/ 음 신音信/ 이 력履歷/ 이삿짐을 싸다가
이상한 증세/ 이제야 보이네/ 이합離合의 둘레/ 인사동 연가戀歌
일기를 찢다/ 입동 즈음/ 입춘이 왔다갔네

ㅈ,ㅊ,ㅍ,ㅎ •85

작 별/ 친구 이야기/ 파 도/ 한 계/ 호야의 일생/ 혹은 가고 혹은 남은

평 설 : 전통미와 모더니티와의 절묘한 만남 / 김봉군 •92

Ⅱ. 긴힛돈 그츠리잇가

서 문 / 유성규 •120

제1장 몰라도 돼 •129

동학사東鶴寺의 뻐꾸기/ 몰라도 돼/ 그 사람/ 긴힛돈 그츠리잇가/ 거리에서
여 일餘日/ 어느 목숨/ 예비된 노래/ 상강霜降 언저리/ 오늘 내 마음은
탑塔/ 산다는 건/ 탄촌炭村 일기/ 이런 미학/ 추엽 수엽秋葉 愁葉/ 입 신立身
허공을 그린다/ 뜸북뜸북 뜸부기

제2장 그래서[然] • *149*

그래서[然]/ 세 모歲暮/ 풀꽃 이야기/ 별 곡別曲/ 약 속/ 순 명順命
익명匿名의 섬/ 사랑 법 – 겨울나무/ 비는 내리고/ 별이 한창 고운 밤에
윤 회輪廻/ 미시령을 돌며/ 연곡사에서/ 사 연/ 설 야/ 또 하나의 화두
사 념邪念

제3장 환장 하겠네 • *171*

환장 하겠네/ 어촌 한낮/ 일몰日沒의 바다에서/ 귀향 보고/ 겨울 바다
파 도/ 소꿉놀이/ 감자꽃/ 오월의 신부/ 가을 이미지/ 추억 '97
어디로 가는 걸까/ 우수절雨水節 무렵/ 언니 생각/ 나의 사랑은
모란이 피고 지듯/ 삼막 오장

제4장 한탄강의 뒤풀이 • *191*

기 도 1/ 기 도 2/ 부 정父情 – 나 어릴 적/ 섬이 되는 이야기
포항 그 바다 – 나는 지금도 파도소리를 들으며 잠이 든다
저기 한 줄기 빛이 온다 – 《時調生活》창간 10주년에 부쳐/ 봄, 봄
아, 고구려/ 여인 오십대女人 五十代/ 한탄강 뒤풀이/ 현 장現場/ 노부부
유경有卿아/ 성윤이의 크레파스/ 때를 민다/ 그 사랑은 불립문자不立文字

제5장 화 음和音 • *211*

화 음和音/ 그러네요/ 낙과落果 옆에서/ 청우당聽雨堂/ 강둑에서
무 희舞姬/ 이런 바람/ 목 련/ 상像/ 운포리雲浦里의 봄
단정학丹頂鶴 일기 – 일산 호반/ 귀뚜리에게/ 환還/ 조 망眺望/ 무 제無題
이런 날 숲 속 길은/ 지중해 사설

평 설 : 옥양목 품 안 같은 휴머니즘의 영토 / 이석규 • *232*
후 기 • *256*

Ⅲ. 평론

1. 민족적 정서의 형상화와 시적 보편성
   - 시천 유성규 시조의 문학적 특성 •260
2. 육당(六堂) 최남선의 〈百八煩惱〉 小考 •306
3. 시천(柴川) 유성규(柳聖圭)와 동시조 •331
4. 이런 날 이석규 시인의 시를 읽는다 •349

Ⅳ. 삼소회편

이기선 •358
권정숙 •368
김기자 •378
임선화 •388
한동철 •398
유재홍 •408
성보용 •418
권혁범 •428
이은순 •438
권용인 •448

I

옷이 자랐다

ㄱ

가을 숲에서 / 가장家長의 구두 / 갈대와 강물

갈치 / 겨울 숲 / 겨울 심서心緖 / 고백 – 자작나무 숲에서

고요에 대하여 / 구도構圖 / 기억 저편

가을 숲에서

생각 하나 점을 위해 수직으로 낙하한다

생각 둘 넓이를 위해 흔들리며 내려앉는다

하늘이 모자랄까봐 가만히 엎드렸다

가장家長의 구두

감당한 무게만큼
닳아버린 뒤축하며

조이느라 다 해진
가장의 구두끈이

핏덩이 울컥 솟듯이 목에 걸린 아침나절

갈대와 강물

거기 그냥 그대로 그렇게 계셔요

나 여기 이만큼
이렇게 있을게요

하늘은
오늘도 푸르고
숲에선 바람이 울고

갈 치

서울 외진 뒷골목
허름한 식당가

하루살이 인생 앞에
세네갈 갈치가

도도히 석쇠에 올라
분신焚身하고 있었다

겨울 숲

길이 다한 곳의 숲 속은 고요하다
이제 조금 알 것 같다 그대 침묵 그 의미를
길 밖에 길이 있음을 그대가 일러주네

한없는 서성임과 무량의 그리움들
들풀이 자리하듯 그렇게 심어놓고
침묵은 바람이 되어 숲 속에서 자라네

이별을 배운 숲엔 눈물도 섬이 된다
스스로를 가두어 흔적으로 남겨진
유예의 이 계절 앞에 입을 다문 영혼이여

겨울 심서心緒

어느 집 대문 앞이
저리도 비어 있나

낙하하라
허공에 매달린 생각 하나

해체의 꽃자리에서
비로소 자유로운

고 백
– 자작나무 숲에서

가슴에 사막을 지니고 살았습니다
풀 한 포기 못 키우는 불임의 땅에서
오늘은 터지는 통곡을 당신께 바칩니다

먼저 와 기다리고 계셨습니다, 당신은
버려진 돌멩이까지 은혜로운 영토에서
떨리는 바람소리도 헤아리라 하십니다

고요에 대하여

길게 누운 고요 위로 소리가 지고 있다
꽃의 울음소리를 고요가 먹고 있다
유리벽 뚫다 넘어진 그림자가 흩어진다

바람을 데리고 혼자 길을 나선다
생각이 달려 나가 저만치 길을 열면
고요는 발자국 위에 흔적으로 고인다

바람이 쌓인 언덕 그 너머로 봄은 오고
엉겅퀴는 자꾸만 가시를 키워대고
고요는 찔려도 좋을 하늘을 먹고 있다

구도構圖

대들보를 베고 누운 서까래의 안분安分들
기막힌 저 구도를 누가 먼저 세웠을까

우리네
살아가는 일
저만하면 좋겠네

기억 저편

골목 안 어디선가 괘종시계 치는 소리

반쯤 열린 대문 안엔
칸나꽃이 붉었다

어두운
장지문 너머
세월이 서성이고

ㄴ, ㄷ

낙엽 / 너, 그렇게 소리로 오고

노년, 그 아득함에 대하여 1 – 베갯모

노년, 그 아득함에 대하여 2 – 흑백 회상

노년, 그 아득함에 대하여 3 – 조각 잠

노래방에서 / 돌[石] 꽃

낙 엽

가을 숲 빈 의자에
내려앉은
소식 하나

형용사
하나 없이
느낌표와 말없음표

하늘이
그리 곱던 날
내가 받은 엽서 한 장

너, 그렇게 소리로 오고

머언 길 돌아와 바람으로 울고 있다

말없이 흔들고는 나도 따라 울라한다

그렇게
너, 소리로 오고
나, 그림이 되네

노년, 그 아득함에 대하여 1
– 베갯모

동그랗게 모로 누워 쓸어보는 베갯모
큰 애기 손끝에서 피어나던 꽃밭이다
아득히 모란이 핀다 초례청이 보인다

살구꽃도 피었고 차일도 높았었지
훤칠한 사모관대 파르르 떠는 족두리
베갯모, 손길을 따라 열리는 꽃길이다

노년, 그 아득함에 대하여 2
– 흑백 회상

오래전 세상 떠난 어머니가 웃고 있고

다듬이질 소리가 온 마당에 깔렸고

낼모레 시집갈 언닌 방물장수 곁에 있고

노년, 그 아득함에 대하여 3
– 조각 잠

나이 들면 자는 것도 일일까
힘이 든다

한 잠 자고 일어나 쉬었다가 다시 잔다

조각 잠 곱게 수놓아 남은 날을 덮을까

노래방에서

술 취한 그녀 뺨이
단풍보다 고왔습니다
트로트 가사를 안고
펑펑 울고 있었습니다
가을밤
수줍게 걸린
눈썹달을 보았습니다

돌[石] 꽃

눈감고 흘러가는 강물이면 좋았을 걸

거침없이 제길 찾는 바람이면 더욱 좋고

바위는

천년을 두고 네게,

꽃이 되고 싶었다

ㅁ

마침표 / 메주꽃 / 무슨 꽃이 피려나
무슨 일이 있었을까 / 묵墨

마침표

이름 모를 관악기의 쉰 듯한 음 하나가

길게 사라진다
한숨 쉬듯 목이 멘 듯

한 목숨
무대를 떠나고
서녘엔 하늘이 붉다

메주꽃

거꾸로 매달린 채 혼절하길 몇 차례
논바닥 갈라지듯 전신은 갈라지고
수없는 낮과 밤들이 왔다간 돌아가고

눈물도 말라버린 달빛 푸른 어느 밤
살을 찢고 피어나는 뽀얗고 푸른 꽃
천년의 우담바라가 그댈 위해 피었습니다

무슨 꽃이 피려나

그대가 바라보던
편편백백片片白白
저 서설瑞雪은

꽃이다
바람이다
바람 밖의 사랑이다

빠개어
가슴을 열면
무슨 꽃이 피려나

무슨 일이 있었을까

겨우내 땅 속에선 무슨 일이 있었을까

연초록
분홍 빨강
샛노란 물감들이

저렇게
가지에 올라
가슴 뛰게 만들다니

묵墨

한 점 찍고 눈 감는다
한 획 긋고 숨 돌린다

한 사람 살아가는
발자국 소리 같다

흰 종이 검은 색깔의
살점들이 보인다

ㅂ

바람꽃 / 변 용變容 / 보 리
보시기에 좋았더라 / 봄 날 / 봄날 연서
봄비 온 뒤 / 분꽃이 핀다 / 빨래가 되고 싶다

바람꽃

눈물도 꽃이 되는
5월의 곰배령

나, 그댈 생각했네
그대를 보았네

바람이
울고 간 자리
꽃으로 온 그대 얼굴

변용 變容

능소화 꽃그늘로 노을이 쌓이고 있었다

어느 새 그 노을은 데미안의 알을 품고

새는 날 하늘을 가르고 목이 긴 새가 떴다

보리

밟아라 밟아라 밟힐수록 일어설 거다
한겨울 죽었다가 짱짱하게 일어설 거다
기미년 독립만세 부르듯 그렇게 일어설 거다

보시기에 좋았더라

넉넉한 후박나무 그늘이 게 있었네

철없이 행복한 어린이가 뒹굴고

그 곁에 무슨 꽃인가 방긋이 웃고 있네

봄날

뼛가루와 하얀 햇살 여전히 파란 하늘
바람은 무덤에 와 자장가를 부르고

느리게

아주 느리게

봄날이 가고 있다

봄날 연서

벚꽃 환한 어느 봄날
꽃잎 날듯 같이 날자
두어 바퀴 굴러서
꽃 속에 누웠다가
연분홍
꽃물 들거든
초례청에 같이 서자

봄비 온 뒤

빗방울 떨어진다 연둣빛 파닥거리고

수많은 상형문자 구조構造하다 해체解體하다

누군가 밤새워 써놓은 파스텔화 연서 한 폭

분꽃이 핀다

뒤통수가 동그란 게
아직도 계집애 같다

흰 머리도 더러 있고
돋보기도 끼지만

배시시 웃어줄 때는
고향 뒤란 분꽃이 핀다

빨래가 되고 싶다

그렇게 끈적이던 욕망의 늪을 지나
바지랑대 높이 올라 바람에 흔들리며
볕 좋은 이 가을 앞에 빨래되어 걸리고 싶다

차마 버리지 못할 그 날 그 손짓하며
아직도 남아있을 옷소매 추억까지
남몰래 여린 빛으로 이 가을을 걸고 싶다

그리하여 저 깊숙이 어두운 그 곳까지
바래어 깃발 되는 저 하늘 그 자리까지
그 옛날 어머니 뜨락 빨래가 되고 싶다

人

산다는 건 2 / 3월 모일某日 / 상황 종료

생 각 / 생강꽃과 초승달 - k화백의 전시회에서

섣달 그믐밤 / 손 톱 / 信잇돈 그츠리잇가 / 심 상心象

산다는 건 2

입추 무렵 매미가 목 놓아 울어대듯

유리조각 밟으며 피 흘리고 걸어가듯

오늘은 맑은 종소리 하늘에서 내립니다

3월 모일某日

창밖 버드나무
물오른 3월 모일

소나무도
갈피갈피
바람을 쐬고 있다

겨우내
면벽面壁 한 마음
빨랫줄에 널어볼까

상황 종료

가시* 한 마리가 마음 밭을 휘젓습니다

왕소금 한가마닐 뿌리고 또 뿌렸지요

그러다 나도 가시가 되어 나뒹굴어 버렸습니다

* 가시 : 된장 등에 생기는 구더기

생 각

생각도 물길처럼 그랬으면 좋겠다
탁류로 흐르다가 폭포로 꽂히다가
유순히 다시 흐르는 맑은 울음 그것처럼

생각도 별처럼 그랬으면 좋겠다
폭우에 젖었다가 바람에 흔들리다
밤하늘 푸르게 걸린 고운 눈빛 그것처럼

생강꽃과 초승달
– K화백의 전시회에서

청람빛 봄 하늘에
노오란 생강꽃

그 나무 가지 사이 초승달이 걸렸다

파르르
겁에 질려서
새파랗게 떠있다

섣달 그믐밤

탁본 떠서 벽에 걸 듯 지난 세월 펼쳐보다

남루가 부끄러워 두 눈을 감는다

하나님, 당신만 아소서 아니 당신만 모르소서

손톱

꼭 그만큼
손톱은
밤마다 자라났다

봉숭아 꽃물 져도
고운 눈매 그대로다

누굴까
이 단단한 갑주甲冑 속
슬픔 한 줌 심은 이는

信잇든 그츠리잇가

선운사 가는 길 외진 도랑가에서 그대를 만났네 만나졌다네

천년을 땅속에서 기다린 님하 여미고 여미어 눈길 한번까지도 속으로만 속으로만 다스린 님하 비바람 천둥번개 치던 어느 하루 경천동지 까무려져 세상밖에 돌덩이로 내동댕이쳐진 님하 선운사 길 섶에서 나를 기다린 그대여, 동백꽃도 봄 햇살도 그대 입을 열지 못하고 나비의 날갯짓도 이끼의 속울음도 그대 귀를 열지 못했네 못했네 안으로 안으로 녹아내린 울음은 기어이 보살의 미소가 되었네 나는 보았네 내 발자국 소리에 눈감고 미소 지으며 날 반기던 그대를, 무에 그리 부끄러워 눈도 뜨지 못하고 뺨을 붉히는 그대 그 숨결을, 나 그렇게 만났네 만나졌다네 아! 그대 즈믄 해를 외오곰 여신돌

信잇든 그츠리잇가 信잇든 그츠리잇가 아, 님하

심 상 心象

가을볕에 앉아서 손톱을 다듬는다

낙하하는 잎새들이 한참 곱구나

네 떠난 꽃자리에서 하늘 한 겹 벗는다

○

안부 / 5월의 숲 / 옷이 자랐다 / 음 신音信

이 력履歷 / 이삿짐을 싸다가 / 이상한 증세

이제야 보이네 / 이합離合의 둘레

인사동 연가戀歌 / 일기를 찢다

입동 즈음 / 입춘이 왔다갔네

안부

1
바람 따라 나섰다가 들꽃 꺾어 병에 꽂다
비탈길 노란 햇살 부서져 내려오고
우체부 찾는 마을에 기다림이 있었다

2
창 앞 나뭇잎에 빗방울 듣는 소리
네 생각 갈피마다 오동 보라 꽃이 핀다
잎 떨군 가지사이로 언뜻언뜻 푸른 하늘

5월의 숲

야무진 빗방울 뒤
바람 한결 가볍다

새 떼
날아오르듯
눈부신 5월의 숲

가만히
눈을 감는다
잎새마다 새가 된다

옷이 자랐다

구순의 오라버니 옷이 자꾸 자랐다

기장도 길어지고 품도 점점 헐렁하고

마침내 옷 속에 숨으셨다 살구꽃이 곱던 날에

음 신音信

외로운 날은 먼 데 소리 듣고 싶다

겨우내 눈물 쏟던 이야기도 하고 싶고

아, 저기

언 땅을 밀고 벌써

진다홍 꽃 이파리

이력履歷

울고 간
혹은 웃고 간
발자국 발자국들

온 몸으로 새겼니라
바위에다 새겼니라

하늘이 너무 멀어서 걷고 걷고 걸었니라

이삿짐을 싸다가

버리자 작정하니 가져갈 것이 별로 없다
이불과 취사도구 옷 몇 벌에 책무더기
버릴 것 가져갈 것이 어림잡아 7대3쯤

갈라지고 틀어져 버걱대는 개다리소반
버리려 문을 열다 내려다 본 내 무릎
슬며시 도로 가져다 차 한 잔 올려놓는다

이상한 증세

자물쇠 채워 놓은 단어들이 탈출했다

예를 들면 그리움 연민 혹은 사랑 같은,

마침내 가슴이 더워지고 맥박은 빨라지고

이제야 보이네

사랑할 것들이 이렇게 많은 것을

비켜 선 호접란이 갸웃 고개 숙이고

고요가 그 옆에 서서 나를 보고 웃고 있네

이합離合의 둘레

헤어져 그 만남이
더욱 아름답듯
시인들은 제마다
낙조를 노래한다

저 하늘 검은 바탕에 흰 줄 긋고 오는 내일

인사동 연가戀歌

막걸리 한 사발에
건건이 한 조각

그렇게 마주한
동경銅鏡같은 얼굴 하나

잔잔한 미소 너머로
한 세월이 내리고

일기를 찢다

위선과 위악이 번갈아 꿈틀대는,
다 써놓은 일기를 읽다말고 찢는다
절대로 솔직해질 수 없는, 내 솔직한 퍼포먼스

입동 즈음

한 해도 다 가버린 11월 그 어느 날

가슴 속 바람 분다
덕수궁 은행잎 진다

손 시린 생각 하나가 가지 끝에 떨고 있다

입춘이 왔다갔네

그대
다녀간 자리
토담집 햇살 같다

깊숙한 눈빛하며
동그란 그 목소리

어디에
담아놓을까
입춘이 왔다갔네

ㅈ, ㅊ, ㅍ, ㅎ

작별 / 친구 이야기 / 파도 / 한계
호야의 일생 / 혹은 가고 혹은 남은

작 별

숲이 울고 있네 나직나직 봄비 속에

꽃이 지고 있네 문경새재 십 리길

바람이 바람이 가네 꽃도 비도 다 데리고

친구 이야기

도봉산엘 갔다가
가위 바위 보를 했다지요

진 사람이 하나씩
단추 풀기를 했다지요

그러다 아들 셋 낳고
잘 살고 있다지요

파도

허연 뼈 드러내며 바위에 부딪히다

더러는 채찍에 살이 튀어도 좋다

불멸의 말씀 한 마디 품을 수만 있다면

한 계

유폐된 황홀이었다
저 산 너머 그 너머
무인도 몽돌들을
쓰다듬던 손길이다
오늘은
봄비로 와서
창문을 두드린다

가만히 두드리며
나직나직 울고 있다
마알간 유리창
마주한 안과 밖
더 이상
다가설 수 없는
그 차갑고 슬픈 한계

호야*의 일생

집 한 채 그릇 하나 청빈한 삶이었다

세勢 과시 편 가르기 데모도 한 번 없이

마지막 임종 인사도 사람보다 아름다웠다

* 호야 : 기르던 개 이름

혹은 가고 혹은 남은

혹은 가고 혹은 남은 작별의 광장에서
손 흔들며 떠나간 누군가의 자취를
그렇게 모래시계가 곱게 지우고 있었다

시간은 낮과 밤을 알맞게 갈라놓고
죽은 자의 이야기를 노래하고 있었다
바람이 혼자 남아서 외롭다 울고 있었다

전통미와 모더니티와의 절묘한 만남

- 하정 최순향 시조집 《옷이 자랐다》 평설

김봉군 / 문학평론가
가톨릭대학교 명예교수

1. 여는 말

철학의 과제는 둘이다. 실재론(존재론)과 인식론 말이다. 정서와 의미 쪽에 친근한 서정시가 철학의 깊이를 가늠하는 것은 난망(難望)이다. 가락이 절묘해야지, 사상이 웅숭깊어서 명시(名詩)가 되는 것이 아니라는 심미론자(審美論者)의 말은 기본적으로 옳다. 이런 심미적 아포리즘도 모더니티와 만날 때 적이 흰다.

산이 거기 있기 때문에 그곳에 오른다고 어느 등산가는 말했다. 실재의 비의(秘義)를 포착하기 위한 부단한 정진이라 할 것이다. 인식의 주체는 실재의 본질에 도달하기 위해 최선의 패러다임을 설정한다. 그럼에도 실재가 그 비의를 감추고 있을 때, 추구할 열정이 있는 이는 정진을 멈추지 않는다. 만년설에 덮인 안나푸르나 영봉 자락 균열진 곳에 몸을 묻은 한 등산가는 산의 실재에 도달했을까? 정신분석학자는 아마도 실재 추구의 투신으로 그의 죽음을 해석할 것이다.

시인은 궁극적으로 실재의 은비(隱秘)로운 뜻과 형상과 소리를 음악가 다음으로, 예리한 감수성으로써 포착하는 영인(靈人)이다. 그는 만유의 영적 징표를 조명할 뿐 아니라, 우주에 충만한 파동에도 감응한다. 악성(樂聖), 시성(詩聖)이란 말은 결코 허튼소리가 아니다.

시조가 본디 성리학적 윤리관에 수렴되는 것이었으나, 정작 오늘에 좋이 읽히는 것은 도교(道敎)나 선불교(禪佛敎)·자연 서정(自然抒情)·개인 정감(個人情感) 쪽의 서정 시조들이다. 서화담(徐花潭), 황진이(黃眞伊), 윤고산(尹孤山), 독목교(獨木橋) 선승(禪僧)의 시조가 풍기는 아름다움에 우리는 더 공감한다. 그것이 N·하르트만식의 우아미(優雅美)거나 우리 전통 특유의 비애미(悲哀美)다.

하정(荷汀) 최순향(崔順香) 시조의 아름다움은 이런 전통미(傳統美)에 접맥(接脈)된다. 이에 그친다면, 이 글의 서두가 이 같은 거대 담론을 끌어들이겠는가. 하정 시조의 전통미는 귀하게도 모더니즘과 만나 현대 시조의 정상을 지향한다. 일찍이 가람 시조가 모더니즘의 묘사적 이미지를 만나 거듭났다면, 하정의 시조는 주지적(主知的) 모더니티를 수용(受容)하여 현대 시조시단에 약진(躍進)해 있는 게 아닌가.

2. 하정의 시조미학

하정의 시조집은 표제부터 도발적이다. 기존 시조들 가운데 이 같은 의사 진술(擬似陳述, Pseudo-statement)로 된 것은 없다. 의사 진술은 시적인 거짓말이다. 사실의 세계에서는 개가 떡을 먹고, 바위는 굴러온다. 시적 진술에서는 떡이 개를 먹고, 바위는 걸어올 수 있다. 모더니티 발현의 한 예다.

이 시조집의 편집 방식은 특이하다. 소재나 주제별로 묶지 않고, 한글 자모순으로 엮었다. 어떤 의미가 있을까?

(1) 길 밖에 길이 있음을

음악이 예술 장르의 정점에 있는 것은 내용과 형식의 불가분리성(不可分離性) 때문이다. 하정의 시조미학은 '사유와 이미지와 형식의 어울림'이라는 시학(詩學)의 난제(難題)를 풀었다.

생각 하나 점을 위해 수직으로 낙하한다
생각 둘 넓이를 위해 흔들리며 내려앉는다
하늘이 모자랄까 봐 가만히 엎드렸다

〈가을 숲에서〉

점, 면, 공간이 보인다. 수직, 수평이 공간으로 확대된다. 시인의 서정적 자아는 면과 하늘 사이에 있다. 천(天), 지(地), 인(人) 삼재(三才)의 합일이다. 생각 하나는 하늘에서 낙하하여 지평을 넓힌다. 그 지평이 입체가 되어 하늘을 채울까 저어하여 엎드린다. 사람(인, 서정적 자아)도 보는 자[見者]로서 비켜나 있다. 노자(老子)의 무위(無爲)다. 시가 소재의 상태를 완전히 탈각(脫却), 변용되었다. 창신(創新)이다. 법고(法古)는 잊지 않았다. 점 하나가 우주로 확대되는 시학적 기적(奇蹟)이다.

시인의 서정적 자아가 이 기적의 좌표에 자리한 것은 애초에 여염(閭閻)의 통고 체험(痛苦體驗)을 탈속(脫俗)한, 원초적 자연 서정 몰입의 시공(時空)에 서 있음을 뜻하지는 않는다.

감당한 무게만큼 닳아버린 뒤축하며
조이느라 다 해진 가장의 구두끈이
핏덩이 울컥 솟듯이 목에 걸린 아침나절

〈가장家長의 구두〉

세상살이의 무게가 핏덩이로 울컥 솟게 하는 통고 체험의 실상이다. "굴욕과 굶주림과 추운 길을 걸어 / 내가 왔다. / 아버지가 왔다. / 아니 십구문 반의 신발이 왔다."(〈가정〉에서)고 한 박목월의 시를 상기시

킨다. 하정의 여염 체험은 서울 외진 뒷골목 허름한 식당의 석쇠에 올라 도도히 분신(焚身)하는 세네갈 갈치에도 투영된다. 하정에게도 삶이란 결코 녹록치 않다.

그뿐 아니다. 사사로운 정념(情念)을, 하정의 서정적 자아는 외면하지 않는다. 인간적이다.

가슴에 사막을 지니고 살았습니다
풀 한 포기 못 키우는 불임의 땅에서
오늘은 터지는 통곡을 당신께 바칩니다
〈고백 – 자작나무 숲에서〉에서

여기서 '당신'은 사적이건 보편적이건 신앙 고백의 대상이건 상관이 없다. '풀 한 포기 못 키우는 땅'도 '버려진 돌멩이까지도 은혜로운 영토'일 만큼 헌신적인 어조(tone)가 가슴을 친다. 온몸을 불사를 듯 흠모(欽慕)의 정을 기어(綺語)로 분출(噴出)한 모윤숙의 〈렌의 애가(哀歌)〉에 비하여, 하정의 〈고백〉은 진정성을 얻는다.

대들보를 베고 누운 서까래의 안분女分들
기막힌 저 구도를 누가 먼저 세웠을까

우리네 살아가는 일 저만하면 좋겠네

〈구도構圖〉

가옥의 구성 요소를 삶의 경우에 빗댄 알레고리다. 안분의 구도를 선망(羨望)한 평이한 시다. 이 위에 평정(平靜)을 깃들이니 금상첨화(錦上添花)다.

길게 누운 고요 위로 소리가 지고 있다
꽃의 울음소리를 고요가 먹고 있다
유리벽 뚫다 넘어진 그림자가 흩어진다

〈고요에 대하여〉에서

낙화(落花)의 정경이다. 꽃이 소리로 지고 그것이 울음소리를 낸다 해도, 그건 고요 속에서 고요를 머금었다. 투명한 그 영상이 소리 없는 그림자로 흩어진다. 낙화의 우주는 이같이 정밀하다. 발자국 위에 흔적으로 괴는 고요는 '찔려도 좋을 하늘'까지 먹는다. 꽃에 찔려 생채기 날 하늘을 고요는 품는다. 낙화, 그것은 정밀(靜謐)의 우주 속에 있다. 낙화의 형상이 모더니티를 만났다. 김남조의 현대시 〈빛과 고요〉 못지않은 현대 시조다.

한없는 그리움과 무량의 그리움들
   들풀이 자리하듯 그렇게 심어놓고
   침묵은 바람이 되어 숲 속에서 자라네

   이별을 배운 숲엔 눈물도 섬이 된다
   스스로 가두어 흔적으로 남겨진
   유예의 이 계절 앞에 입을 다문 영혼이여

〈겨울 숲〉에서

 총 3개 연(또는 3주) 중 제2, 3연이다. 첫 연은 침묵의 숲이 '길 밖에 길이 있음'을 알린다. 제2연 '한없는 서성임과 무량의 그리움들'은 우리 시가 전통의 '그립고 아쉬운 정'에 접맥된다. '이별을 배운 숲엔 눈물도 섬이 된다'는 이별과 고독의 심서(心緖) 표출 기법상 절륜(絕倫)의 경지를 넘본다. 영혼의 정처(定處)는 어디인가. 정서와 지성이 조화를 이룬 작품이다.

   골목 안 어디선가 괘종시계 치는 소리
   반쯤 열린 대문 안엔 칸나꽃이 붉었다
   어두운 장지문 너머 세월이 서성이고

〈기억 저편〉

초장·중장에 시각과 청각의 이미지가 선연(鮮妍)하다. 종장의 '세월이 서성이고'의 여운이 마음을 이끈다.

하정의 맑은 영혼은 마침내 천상(天上)의 질서, 사랑에 귀착(歸着)한다.

실은 하정 시조론, 이쯤에서 설진(說盡)이다.

(2) 바위는 천년을 두고

하정은 옛 시간을 되살린다. 유장(悠長)한 흐름에 마음을 실어도 본다. 그것이 천년에 사무치면 더할 나위 없고.

눈감고 흘러가는 강물이면 좋았을걸
거침없이 제길 찾는 바람이면 더욱 좋고
바위는 천년을 두고 네게, 꽃이 되고 싶었다

〈돌[石]꽃〉

하정의 서정적 자아는 역시 일체 삶의 영위(營爲)를 흐름 속에 맡기고파 한다. '돌꽃'의 염원이다. '너'에게 꽃이 되고 싶은 천년 바위. 이 엄청난 실재(實在)를 내세워 놓은 바위꽃 앞에 우리 독자들은 어쩌란 말인가.

바위라는 실체(實體)를 놓고 독자를 난감케 한 우리 문인 셋의 모습이 지금 눈앞에 떠오른다. 먼저 청마 유치환이다. 그의 바위는 깨어져도 소리하지 않는 억년 함묵(緘默), 그런 비정(非情)의 바위다. 다음 집 떠난 아들이 돌아오기를 기원하는 한센병 환자 어머니의 애탄(哀嘆)의 바위다. 그녀는 바위가 거울처럼 빛나면, 아들이 돌아오리라 믿고 돌로 바위를 간다. 다음, 문제는 천년에 사무치는 하정의 돌꽃 바위다. 고속요(古俗謠)의 '信잇둔 그츠리잇가'의 연면(連綿)한 정념의 전통을 변용했다. 하정의 돌꽃 바위는 창신(創新)의 지배소(支配素, dominant), 소중한 상관물이다.

> 동그랗게 모로 누워 쓸어보는 베갯모
> 큰애기 손끝에서 피어나던 꽃밭이다
> 아득히 모란이 핀다 초례청이 보인다
> 〈노년, 그 아득함에 대하여 1 – 베갯모〉에서

하정의 서정적 자아는 아득한 기억의 저편, 아물거리는 시간을 되살린다. 큰아기가 한 땀 한 땀 떠서 만든 베갯모의 꽃밭, 목련이 피는 봄날의 초례청, 이 세 가지 지배소가 우리의 고아미(高雅美)를 재현하며 그리움을 환기(喚起)한다. 살구꽃이 핀 뜨락에 차일이 쳐지고, 신랑의 사모관대(紗帽冠帶), 신부의 파르르 떠는 족두리, 고아(高雅)한 혼례식이 베갯모의 손길을 따라 꽃길을 연다.

오래 전 세상 떠난 어머니가 웃고 있고
다듬이질 소리가 온 마당에 깔렸고
낼 모레 시집갈 언닌 방물장수 곁에 있고
〈노년, 그 아득함에 대하여 2 – 흑백 회상〉

앞에서 본 〈베갯모〉의 연장선상에 있는 작품이다. 풍속화 한 편이다. 논리학상 판단 보류, 판단 중지의 기법으로 쓴 박목월의 〈불국사(佛國寺)〉와 닮았다. 〈불국사〉에 비해 서술부가 둘 더 있으나, 그것도 〈불국사〉의 경우처럼 시인의 감성 표출이 최대한 절제되었다. 하정의 시적 감수성 현대화 수준을 가늠케 한다.

(3) 천년의 우담바라가

하정의 곡진(曲盡)한 실재 탐구안(探究眼)의 촉수(燭數)가 마침내 진경(眞境)을 더위잡는다. 시의 대상이 즉물적(卽物的)이기를 넘어 본격적으로 육화(肉化), 자아화하기에 이른다.

거꾸로 매달린 채 혼절하길 몇 차례

논바닥 갈라지듯 전신은 갈라지고

수없는 낮과 밤들이 왔다간 돌아가고

눈물도 말라버린 달빛 푸른 어느 밤

살을 찢고 피어나는 뽀얗고 푸른 꽃

천년의 우담바라가 그댈 위해 피었다

〈메주꽃〉

메주의 숙성이 완료되어 메주꽃이 피기까지의 과정, 그 비의(秘義)를 치열하게 표출하였다. 한 생명을 잉태하고 키우고 분만하듯 한 통고 체험이 적실(的實)히 구상화(具象化)하였다. 혼절, 균열, 육참(肉斬)의 극한적 고통으로 이루어진 메주꽃을 불교 천년의 우담바라라 하였다. 미당 서정주의 〈국화 옆에서〉보다 더 극적이다. 〈메주꽃〉의 화자(話者)에게는 소통의 대상이 있어 다르다.

그대가 바라보던 편편백백片片白白 저 서설瑞雪은

꽃이다 바람이다 바람 밖의 사랑이다

빠개어 가슴을 열면 무슨 꽃이 피려나

〈무슨 꽃이 피려나〉

시정(詩情)이 치열하다. '편편백백'의 조어(助語)가 적이 새롭고, 중장의 점층적(漸層的) 수사 기법(修辭技法)이 질곡하고 간절하다. '가슴을 빠개어 열릴 꽃'은 그 결정체(結晶體)다.

한 점 찍고 눈감는다 한 획 긋고 숨돌린다
한 사람 살아가는 발자국 소리 같다
흰 종이 검은 색깔의 살점들이 보인다

〈묵墨〉

먹물로 한 획 두 획 글을 쓴다. 한 획 또 한 획이 인생의 나아감이다. 흰 종이와 검은 먹물 자취가 살점으로 보이는 새로운 발견이 경이롭다.

(4) 능소화 꽃그늘로

가수가 득음(得音)하듯 수도승이 득도(得道)하듯 시인이 시의 진경(珍境)에 들면, 어조가 눅고 말 트임에 거침이 없다.

눈물도 꽃이 되는 5월의 곰배령
나, 그댈 생각했네 그대를 보았네
바람이 울고 간 자리 꽃으로 온 그대 얼굴

〈바람꽃〉

눈물도 바람도 꽃을 불러오는 5월 곰배령은 시인 개인의 체험적 실체이거나 보편적 체험의 고개이다. 역시 소통의 대상인 '그대'가 초대된 시조이다. 바람꽃은 먼 산에 구름같이 끼는 보얀 기운으로, 바람이 낄 징조가 된다.

   능소화 꽃 그늘로 노을이 쌓이고 있었다
   어느새 그 노을은 데미안의 알을 품고
   새는 날 하늘을 가르고 목이 긴 새가 떴다

〈변용變容〉

능소화는 여름 꽃이다. 잎은 넓고, 꽃은 깔때기 모양으로 색깔은 불그스름하다. 능소화(凌霄花), 하늘을 넘어서고 능멸하다니, 무엇인가 옛 설화를 연상시키는 꽃 이름이다. 꽃그늘에 노을이 쌓이는 시공(時空), 헤르만 헤세의 목이 긴 새가 떴다. 하정의 빼어난 감수성의 높이가 어느 하늘쯤일지 모르겠다.

   뼛가루와 하얀 햇살 여전히 파란 하늘
   바람은 무덤에 와 자장가를 부르고
   느리게 아주 느리게 봄날이 가고 있다

〈봄날〉

햇살과 파란 하늘 그 중심에 시간이 멈춘, 주검의 징표인 무덤이 자리해 있다. 거기서 봄날은 아주 느리게 흐르고 있다. 하정의 소망은 느린 봄날을, 독자들과 함께 누리는 것이다.

벚꽃 환한 어느 봄날 꽃잎 날 듯 같이 날자
두어 바퀴 굴러서 꽃 속에 누웠다가
연분홍 꽃물 들거든 초례청에 같이 서자

〈봄날 연서〉

연인의 동정(動靜), 꽃의 비상(飛翔)과 하락(下落), 잠적(潛跡), 이윽고 초례청(醮禮廳)에 서는 과정이 계기적(繼起的)으로 제시되었다. 초련(初戀)에서 혼인까지의 과정이라면 더할 나위 없다. 고전적인 사랑의 서사(敍事)가 깃들었다.

밟아라 밟아라 밟힐수록 일어설 거다
한겨울 죽었다가 짱짱하게 일어설 거다
기미년 독립 만세 부르듯 그렇게 일어설 거다

〈보리〉

보리를 자아로 설정하여 결연한 의지를 표출한 작품이다. 이런 아포리즘 지향적 진술은 하정의 시조에서는 이변이다. 옛 보리밟기 농사법에 모티브를 둔다.

차마 버티지 못할 그 날 그 손짓하며
아직도 남아 있을 옷소매 추억까지
남몰래 여린 빛으로 이 가을을 걸고 싶다

그리하여 저 깊숙이 어두운 그 곳까지
바래어 깃발 되는 저 하늘 그 자리까지
그 옛날 어머니 뜨락 빨래가 되고 싶다

〈빨래가 되고 싶다〉에서

하정의 마음, 속살이 드러났다. '끈적이던 욕망의 늪'(제1연)에서 나와, 차마 못 버릴 어느 날의 손짓과 아직도 남아 있을 '옷소매 추억'들 다 떨친 무욕(無慾)·무예(無穢)의 실체로서, 창궁(蒼穹)에 사무치는 깃발로 휘날리고 싶은 소망을 담았다.

(5) 밤하늘 푸르게 걸린

  산다는 것이 녹록치 않음을, 하정은 곳곳에서 아파한다. 유리 조각 밟으며 피 흘리고 걷기도 하다 면벽 좌선(面壁坐禪)하며 원념(願念)은 청정심(淸淨心)이다.

  입추 무렵 매미가 목 놓아 울어대듯
  유리 조각 밟으며 피 흘리고 걸어가듯
  오늘은 맑은 종소리 하늘에서 내립니다

〈산다는 건 2〉에서

  가시 한 마리가 마음밭을 휘젓습니다
  왕소금 한 가마닐 뿌리고 또 뿌렸지요
  그러다 나도 가시가 되어 나뒹굴어 버렸습니다

〈상황 종료〉

  순교의 길을 가듯 유리 조각 밟으며 피 흘리고, 마음밭[心田]을 휘젓고 다니는 가시 '한 마리'에, 왕소금 가마니째 뿌려 헤살짓는 통고(痛苦)의 인생을, 하정의 자아는 혼신(渾身)으로 감내(堪耐)한다.

생각도 물길처럼 그랬으면 좋겠다

탁류로 흐르다가 폭포로 꽂히다가

유순히 다시 흐르는 맑은 울음 그것처럼

생각도 별처럼 그랬으면 좋겠다

폭우에 젖었다가 바람에 흔들리다

밤하늘 푸르게 걸린 고운 눈빛 그것처럼

〈생각〉

탁류 끝자락의 폭포, 폭우와 바람의 곡절을 거쳐 유순히 흐르는 강물이기를, 밤하늘 푸르디푸른 눈빛 고움이기를. 하정의 서정적 자아는 생각의 안온(安穩)과 청안(靑眼)을 꿈꾼다. 파란(波瀾)과 평온의 이미지 형상화 기법이 탁월하다.

청람빛 봄 하늘에 노오란 생강꽃

그 나무 가지 사이 초승달이 걸렸다

파르르 겁에 질려서 새파랗게 떠 있다

〈생강꽃과 초승달 - K화백의 전시회에서〉

이 시의 지배소 봄 하늘, 생강꽃, 나무, 초승달의 대비된 색채 이미지, 이들의 공간 배치, 초승달의 파동감. 시조 이미지 형상화의 백미(白眉)다.

(6) 살구꽃이 곱던 날에

이미 하정의 '노성(老成)' 얘기를 했다. 그리움, 연민, 사랑, 초려(焦慮) 같은 심경의 파문이 소실된 자리에서 하정의 서정적 자아는 비로소 개안(開眼)한다.

> 사랑할 것이 이렇게 많은 것을
> 비켜 선 호접란이 갸웃 고개 숙이고
> 고요가 그 옆에 서서 나를 보고 웃고 있네
> 〈이제야 보이네〉

원숙미(圓熟美)에 닿아 있다. 일체 속사(俗事)의 굴레를 벗은 진제(眞諦)의 경지, 체념(諦念)의 상황이다. 만해 한용운이 '임의 모습에 눈멀고, 임의 소리에 귀먹은' 자아의 원상(原狀)이다. 눈먼 사울이 눈뜬 바울이 된 시공이다. '보는 자'를 '고요'로 설정한 하정의 시업(詩業)은 충분히 성공적이다. '온몸으로 결결이 바위에 새기며 하늘이 너무 멀어 걷고 또 걸었던 개인사(個人史)'(〈이력서〉)에 이젠 애면글면 않는다.

> 한 해도 가버린 11월 그 어느 날
> 가슴 속 바람 분다 덕수궁 은행잎 진다
> 손 시린 생각 하나가 가지 끝에 떨고 있다
>
> 〈입동 즈음〉

현대 시조는 모더니티, 이미지즘·주지주의에 곁을 내어 준 그즈음에 시작되었다. 영탄과 직설의 감정 분출을 지성적 절제와 이미지 제시로 갈음했다는 뜻이다. '손 시린 ~ 떨고 있다'의 종장(제3행)을 보라. 이는 이 작품을, 새로운 이미지 창출을 필생의 업으로 삼았던 에즈라 파운드가 찬사를 아니 아낄 가편(佳篇)이 되게 한다. 가람 시조의 건조미(dry hard image)에 감동을 품은 하정의 시조에 독자는 환호한다.

> 구순의 오라버니 옷이 자꾸 자랐다
> 기장도 길어지고 품도 점점 헐렁하고
> 마침내 옷 속에 숨으셨다 살구꽃이 곱던 날에
>
> 〈옷이 자랐다〉

이 시조집의 표제가 된 작품이다. 옷이 자랐다는 것은 의사 진술이다. 노인은 나이가 들면서 뼈대와 살이 여윈다. 척추도 내려앉아 키가 줄어든다. 그걸 '옷이 자랐다'고 하여 시적 흡인력을 키웠다. 관점이 빼어나다.

(7) 불멸의 말씀 한마디

이별과 한계가 심금을 울릴 때가 있다. 결별(訣別)은 더욱 그렇다. 만나서 생명 한 움큼 빚기도 하고, 생명의 스러짐 앞에 서게도 한다. 불멸의 말씀을 보채다가 부서지기도 한다. 시인이 섭리 앞에 선 모습이다.

숲이 울고 있네 나직나직 봄비 속에
꽃이 지고 있네 문경 새재 십리 길
바람이 바람이 가네 꽃도 비도 다 데리고
〈작별〉

드물게 민요조다. 소월과 목월의 화법이 감지된다. 작별의 섭리가 읽힌다.

유폐된 황홀이었다 저 산 너머 그 너머

무인도 몽돌들을 쓰다듬던 손길이다

오늘은 봄비로 와서 창문을 두드린다

가만히 두드리며 나직나직 울고 있다

마알간 유리창 마주한 안과 밖

이상 더 다가설 수 없는 그 차갑고 슬픈 한계

〈한계〉

간절한 그리움과 만남의 한계를 노래했다. 투명한 유리창을 경계로 한 만남의 좌절, 그래서 하정의 자아는 '유폐된 황홀'이라는 역설로 말문을 열었다. 관계가 곡진(曲盡)할수록, 거리가 가까울수록 좌절당하는 사모(思慕)의 기막힌 극적(劇的) 비극이다. 황진이(黃眞伊), 홍랑(洪娘), 매창(梅窓), 이옥봉(李玉峯)의 정서를 창조적으로 계승한 작품이다.

허연 뼈 드러내며 바위에 부딪히다

더러는 채찍에 살이 튀어도 좋다

불멸의 말씀 한마디 품을 수만 있다면

〈파도〉

치열하다. 시조의 어조가 이렇듯 강렬해도 되는가. 우리 시조시사상(時調詩史上) 혁신의 한 몫에 갈음되는 긍정적 소식이다. '불멸의 말씀 한마디'를 품기 위한 신앙적 희생의 어조를 띠는 명시조(名時調)다.

유교의 이기철학으로 볼 때, 서정적 자아의 원형은 본연지성(本然之性)이다. 본연지성은 인간의 존재론적 속성인 이(理)만을 지칭하는 것이고, 이와 기(氣)를 아울러 가리킬 때는 기질지성(氣質之性)이 된다. 이기철학에서 이는 동일·통일·보편성의 원리이며, 기는 차별·분별·특수성의 원리다. 서정적 자아의 원형은 객관과 주관, 이성과 감성의 구분이 일어나지 않은, 사물과 접촉하지 않은 성(性)의 개념과 같다. 이 같은 서정적 자아의 원형은 천인합일(天人合一), 물아일체(物我一體), 물심일여(物心一如)의 상태에 있어, 자연과 조화된 통일체로서 대립·갈등이 일어나지 않는다. '산 절로 수 절로 산수간에 나도 절로'의 시조가 이에 속한다.

현대시의 기질적 자아는 세계와 대립·갈등을 일으키고, 보편화·이상화의 원리인 이(理)에 의지하여 자아와 세계의 합일을 추구한다. 그 방법에는 동화(assimilation)와 투사(投射, projection)가 있다. 황진이 시조 '동짓달 기나긴 밤'은 동화, 노천명의 시 〈사슴〉은 투사에 해당한다.

하정의 〈파도〉는 투사의 범주에 든다.

시학과 시 창작은 이처럼 밀착된 것이다.

혹은 가고 혹은 남은 작별의 광장에서
손 흔들고 떠나간 누군가의 자취를
그렇게 모래시계가 곱게 지우고 있었다

시간은 낮과 밤을 알맞게 갈라놓고
죽은 자의 이야기를 노래하고 있었다
바람이 혼자 앉아서 외롭다 울고 있었다
〈혹은 가고 혹은 남은〉

광장의 의미와 서술적 이미지를 텍스트 지향적 어조로 표출하였다. 이는 '실제 시인 → 현상적 화자(話者) → 현상적 청자(聽者) → 함축적 독자 → 실제 독자'의 과정을 통하여 소통된다. 박목월의 〈가정〉은 화자와 청자가 드러난 경우이고, 김영랑의 '내 마음의 어딘 듯 한편'에는 현상적 화자가, 신동엽의 〈껍데기는 가라〉는 현상적 청자가 드러난 작품이다. 김광균의 〈데생〉과 신경림의 〈파장〉에는 화자·청자 모두 나타나지 않는다.

하정의 〈혹은 가고 혹은 남은〉에서는 화자·청자가 숨었다.

3. 맺는 말

하정의 제2시조집 속 일곱 묶음은 소재·주제·형식·기법·이미지, 그 어느 것의 계기성(繼起性)과 상관없이 묶였다. ㄱ~ㅎ의 자음 순서에 따라 편집되었다. 각 묶음별로 이루어진 평설을 통하여 상호 유사성과 이질성을 판별하는 것은 독자들의 몫이다.

이 글은 분석주의적 관점, 특히 "문학의 학문적 연구를 위한 자연스럽고도 현명한 출발점은 작품 자체의 해석과 분석이다."고 한 신비평(new criticism)의 충고를 규범으로 하여 쓰였다.

하정의 시조미학은 '사유(思惟)와 이미지와 형식의 어울림[諧調]'이라는 시학 일반의 난제(難題)를 푼 탁월성에 갈음된다. 가령, 자연을 소재로 한 시조도 인간의 존재론적 본연지성의 이(理)를 넘어 기질지성의 개성, 특수성을 표출한다. 동시에 보편 지향의 감수성과 사유의 세계로 확산된다.

하정의 서정적 자아의 원형은 자주 유소년의 가족과 여염의 체험적 사실에 있으나, 그것이 퇴영적·감상성(感傷性)에 매몰되지 않는 창조적 상상력으로 고양(高揚)되어 있다는 점이 값지다.

하정 시조의 지배소들이 법고(法古)를 넘어 창신(創新)의 시업(詩業)으로 빛난다는 점에 독자들의 감동이 있다.

이는 그의 전통적 미의식이 모더니티를 만나 거듭난, 우리 시조시사의 범상치 않은 수확이다. 소재의 다변화와 감정 절제의 모더니티, 그 절묘한 만남의 소산이다.

　하정의 이 시조집은 표제부터 의사 진술이다. 하정은 우리의 전통 미학을 심도 있는 독서 체험으로 내면화하였다. 학부에서 약학을 전공한 하정이 동아시아 한자 문화유산에 대하여 해박한 지식을 터득, 체화(體化)한 것은 경이로운 일이다. 그는 《고문진보》·《당시선(唐詩選)》은 물론 경서(經書)에 대한 기본 소양까지 두루 섭렵한 고급 교양인이다.

　하정은 우리 고시가(古詩歌)를 탐독하여 향가(鄕歌), 고속가(古俗歌), 시조에 조예가 깊다. 그의 제1시조집 표제가 고속가에서 따온 《긴힛돈 그츠리잇가》로 한 것이나, 이번 제2시조집에도 시조 〈信힛돈 그츠리잇가〉를 실은 것이 그 증거다. 그는 2008년 《시조생활(時調生活)》에 육당 최남선론 〈백팔번뇌 소고〉를 썼고, 종내 2012년 시천(柴川) 유성규론(柳聖圭論)인 〈민족 정서의 형상화와 시적 보편성〉이 당선되어 시조 평론가로 등단하였다.

　하정은 시조 이론과 창작 합일의 무거운 주제로 새로운 좌표 설정을 요청받고 있다.

　이 글은 정서와 의미 쪽에 친근한 서정시가 그 생명인 가락과, 철학의 실재(존재)론과 인식론의 깊이에서 일품(逸品)으로 창출되어야 한다는 원념(願念)을 피력하면서 시작되었다. 이는 난제(難題) 중의 난제다. 그럼에도 그 열망 실현의 확연한 실마리를 하정의 이번 작품에서 다잡을 수 있었다. 정지용의 말대로 법열(法悅)이다. M. 하이데거의 말대로 '언어는 존재의 집'이다. 언어 예술의 정점에 자리한 시가 존재 탐구 지향성을 보이는 것에 이론(異論)은 없겠다. 하정의 시조가 전통 정서와 사유(思惟)의 세계, 모더니티를 화학적으로 융화하여 존재의 실체 조명의 가능성을 보인 것은 시조시사적 사건이다.

앞으로, 하정은 '그리움'·'사랑'이라는 말 하나 쓰지 않고 그리움과 사랑을 쓴 기독교 신앙시의 길이 열려 있다. 그의 신앙의 정화(精華)로서 문학사, 종교사에 아로새겨질 신앙 시조의 길 말이다.

하정은 우주에 충만한 창조주의 영적 파동(波動)에 깊이 감응하는 영인(靈人)이다. 앞으로, 하정을 통하여 영혼에 사무치는 명시조가 창출되기를 바라며, 제2시조집 발간을 기린다. 이 글이 하정의 고희연(古稀宴)에 축사의 한 자락으로 참례받기를 원하며 줄인다.

II

긴 힛돈 그츠리잇가

序文

柳聖圭 / 《時調生活》誌 發行人

'하늘에 별이 있고 땅 위에 꽃이 있고, 사람에게 시가 있다'고 했다.

시란 인간이 빚어낸 가장 아름다운 가치이며 진선미를 내포한다.

崔順香 시인의 《긴힛돈 그츠리잇가》란 시집을 읽으면서 나는 황홀 속에 빠졌다. 그의 시가 어찌 그리 보석같이 아름다운가. 마디마디 구슬이요 편마다 名品이다. 최 시인의 다정다감한 고운 심성이 이리 고운 시를 빚어낸 것이리라. 최 시인의 지극한 정성이 시의 眞髓를 나꿔챈 것이리라. 詩歷十年有不足에 타고난 천분과 남다른 정열이 아니고야 이리 빛나는 시를 빚어낼 수 있겠는가. 필시 시가 이쯤 되면 大家級이다. 이 사람이 薦할 때도 재질이 번득인다 싶기는 했지만 이리 速達할 줄은 미처 몰랐다.

최 시인의 시는 밝고 맑고 뼈대가 있으며 묵직한 게 특징이다. 그의 시는 깊은 곳의 것을 길어 올려 끈끈한 이야기를 말없이 멀리 있는 곳에 메아리치게 한다. 실로 현대 시조의 지평을 열었다는 찬사가 아깝지 않다. 시집 제목부터가 심상치 않은 사유의 무게를 지닌다. 《긴힛돈 그츠리잇가》란 고려 가요 '鄭石歌'의 名句를 발췌한 것이다. '구슬은 땅에 떨어져 깨어져 버려도 구슬을 꿴 끈이야 끊어질 리 있겠는가'라는 고도의 철학적 뜻을 함축하고 있다. 곧 깊디깊은 인연은 그 緣과 結이 天來의 것이란 뜻을 지닌다. 곧 살아가는 일은 알고 보면 모두가 인연이 아니겠느냔 것이다.

지금부터 최순향 시인의 시세계를 음미해 보기로 하자.

까만 밤하늘 유성流星이 긋고 가는 슬프게 아름다운 나라

풀잎과 이슬이 바람과 구름이 풀잎과 내가 이슬과 내가 바람과 또 내가 나와 구름이 그리고 그대와 내가, 어느 찰나 또는 아주 먼 동안 헤어진다 치자. 이합離合은 구원에서 와 찰나에 머물 듯이 그건 인연의 날개짓, 이슬이 골안개 되어 구천九天에서 바람 만난 구름이다가 풀잎으로 되돌아오듯 도솔천에 함께 하는 어울림이 아름답지 아니한가. 허허虛虛 청청靑靑 나비의 날개짓, 눈짓은 눈짓끼리 그렇게 이어지네 이어진다네. 보라 저 이끼풀이 목말라 하거든 나 이렇게 노래 부르리

긴힛돈 그츠리잇가 긴힛돈 그츠리잇가 아, 님하
〈긴힛돈 그츠리잇가〉 전문

이 세상 스치는 것 어느 하나 무의미한 것이 있으랴.

소매 끝만 스쳐도 인연이라 했거늘 〈풀잎 ↔ 이슬〉〈바람 ↔ 구름〉 이런 구도에 나를 연결시킨 多角因緣의 오묘한 哲理를 그려낸 솜씨가 현란하기까지 하다. 이런 배경 속의 〈너 ↔ 나〉를 설정하고 그 사람 그 인연은 끊어지지 않는 끈으로 이어져 九天과 도솔천을 돌며 眞善美의 극치를 이룬다 했다.

까만 밤하늘 流星이 긋고 가는 나라, 그것이 崔 詩人의 詩的 慧眼이자 崔 詩人의 詩的 美學이다. 실로 禪詩의 경지가 아니냐. 거개의 辭說時調들이 자칫 싱겁거나 산만하기 일쑤인데 이 詩는 예술적 기량이 한껏 滿開한 사설시조였다.

세월이야 가라 하렴

뻐꾸기는 울게 두고

동학사 주련까지

분에 넘친 푸르름 속

나 또한

뻐꾹뻐꾹 다시 뻐꾹

또 하나 산이 된다

〈동학사 뻐꾸기〉 전문

절묘한 짜임새와 절연미, 그리고 유려한 리듬이 일품이다. 時空合一에서 物我一體, 자연과 내가 하나가 되는 자리다. 만록총중에 홍일점 같은 뻐꾸기 울음 속에 삼라만상이 녹아들어 또 하나의 산, 곧 別有天地가 창조된 것이다. 무기교의 기교가 돋보이는 능수능란한 솜씨를 예서 본다.

바위는 낱말을 베고 그냥 누워 있었다
하나 숨결 있어 핏줄을 돌리더니
어느 새 눈물을 알아 의미로 마주했다

아직은 누운 자리 풀리지 않은 강이었다
야무진 정을 맞고 귀가 트고 입이 트고
드디어 빛무리 속에 일어서는 돌이었다

〈입신〉 전문

하나가 또 다른 하나로 변신하는 기막힌 철학이 내포된 시다. 가식이나 허술한 사고가 근접치 못한 지성이 번득이는 시다. 이런 경지는 시정신의 절정을 건드린 자리가 아니면 옮겨 놓을 수 없는 대가의 경지다. 침잠된 질량감하며 고도의 메타포와 상징성이 어울린, 실로 격조 높은 白眉篇이 아닐 수 없다. 현대 시조의 위상을 이만한 높이로 끌어올린 최 시인은 타고난 시인이란 말이 절로 나올 정도다.

그 한 해 막달에 쓴

나의 연서戀書 한 토막이

뿌연 낮달로 와

퇴기退妓처럼 걸려있고

빈손에

들려있는 건

지하철 차표 한 장

〈거리에서〉 제3연

윗글에서 '퇴기처럼 걸린 낮달'이 갖는 고도의 이미지가 대단했다. 막달에 쓴 연서와 지하철 차표 한 장이 서로 손을 잡으며 길어 올린 내면 세계가 예술의 극치를 이룬다. 거침없는 수사학의 압권이다.

너는 흘러 물이 되어 山 그림자 안고 간다

회랑을 돌아오는 소복 같은 이야기와

빛바랜 오지항아리 울림 같은 사랑아

나는 그냥 비색秘色으로 청자 등에 오르고

너는 또 학으로 와 천년을 노래하라

빈 날의 엽신 같아라 나의 슬픈 노래여

〈예비된 노래〉 전문

사랑은 눈물로 물들여 가꿀 때 가장 사랑스럽다고 말한 이는 스코트다. 이 시는 사랑을 한껏 승화시킨 사랑의 미학이다. 淨水로 승화된 사랑, 오지항아리 울림 같은 사랑, 실로 예서 사랑의 극치를 맛보게 된다. 님을 두고 천 년을 노래하는 학으로 승화시켜놓고 스스로는 청자항아리의 비색으로 승화되어 함께 어울리자는 것이다. 玄妙하리만큼 심오하고 신비로운 이런 경지는 함부로 되는 것이 아니다.

어차피 풀잎 위에 자리한 귀뚜리였다

창틀에 매달린 채 창이 울고 너도 울고

새벽달 서슬에 겨워 밤을 갈[磨]고 있었다

사막을 휘돌아온 바람 맛도 보다가

징징대는 창호지를 지켜보고 앉았다가

이슬빛 고운 자리로 옮겨 앉아 울었다

촉수觸手에 들어온 것 버릴 일이 있거들랑

세찬 울음발로 휘저어 버려라

그 다음 댓돌에 올라 진하게 배설하라

〈귀뚜리에게〉 전문

이 시는 정서에 기대기보다 지성미가 번득이는 예리한 맛이 있는 시다. 종래의 시조들이 근접치 못한 고차원의 경지를 달리고 있다. 격조 높은 이미지 창출로 시조의 새로운 장을 연 걸작이라 하겠다.

귀뚜라미의 세계를, 지적 조명을 통해 예술의 극치를 드러낸 솜씨가 高手 達人이다.

마음 속 깊은 곳에 섬 하나가 있었네

조각난 울림과 실종된 언어들이

갇혀진

그 세월 속에

섬이 되어 있었네

마음 속 더 깊은 곳 숲이 거기 있었네

눈먼 새의 노래와 맑은 눈물 한 점이

땅 속에

뿌리를 내려

숲이 되어 있었네

오늘 내 마음엔 바람이 불고 있네

자잘한 추억들이 들풀 되어 일어서고

먼 날의

저녁 종소리

빈 의자에 와서 앉네

〈오늘 내 마음은〉 전문

  한 사람의 마음새를 수채화처럼 곱게 그려냈다.

  섬이 둥둥 뜨는 가슴속, 그것은 꿈 자락 부서진 未完의 언어란다. 가슴속 더 깊은 곳엔 눈 먼 새의 노래와 맑은 눈물 한 점이 자라 숲이 됐다고 노래한다. 시상의 아름답기가 아침 이슬 같고 사유의 깊이가 샘물 같다. 어느 思念이 세월과 더불어 채색되고 변신하여 저녁 종소리가 되고, 빈 의자에 와서 앉는다는 대목은 추억의 아름다움을 종소리로 환치시킨 고도의 수사학이다.

  너무나 신비롭고 아름다운 시다.

이렇게 최 시인의 시는 하나하나가 완벽에 가깝다.

〈몰라도 돼〉〈여일〉〈상강 언저리〉〈탄촌 일기〉〈풀꽃 이야기〉〈기도 2〉 등 제목의 시도 하나같이 격조 높은 시다.
이 시집 속 어느 詩篇 하나 허술한 구석을 발견할 수 없음이 시집의 무게다.

《時調生活》誌 발행인인 이 사람이 그동안 최 시인에게 이루 말할 수 없는 신세를 진 셈이다. 《時調生活》誌의 편집장을 거쳐 주간으로서 벌써 8년간을 이 사람과 호흡을 같이 한 시조생활화운동 제일의 역군이다. 그리고 한국의 시조를 대표할 제일의 유망주이다. 이 분의 독서량은 엄청난 것이어서 文理에 해박한 데다, 마음씨는 햇볕같이 따뜻하고 다정다감하며, 깊고 넓은 도량은 많은 사람을 편안케 한다. 매사에 경우가 밝은 데다 솔선수범이 체질화된 분이다. 아무쪼록 餘年의 보람이 시와 함께 있기를 진심으로 빌며 격조 높은 시집 上梓를 거듭 축하드린다.

제1장 몰라도 돼

동학사東鶴寺의 뻐꾸기 / 몰라도 돼 / 그 사람

긴힛든 그츠리잇가 / 거리에서 / 여 일餘日

어느 목숨 / 예비된 노래 / 상강霜降 언저리

오늘 내 마음은 / 탑塔 / 산다는 건 / 탄촌炭村 일기

이런 미학 / 추엽 수엽秋葉 愁葉 / 입 신立身

허공을 그린다 / 뜸북뜸북 뜸부기

동학사東鶴寺의 뻐꾸기

세월이야 가라 하렴
뻐꾸기는 울게 두고

동학사 주련까지
분에 넘친 푸르름 속

나 또한
뻐꾹 뻐꾹 다시 뻐꾹
또 하나 산이 된다

몰라도 돼

쥐방울이 흔들려요
바람 없는 덩굴 속에

그 곁에
내 마음도
달이 가듯 흔들려요

갸우뚱
내민 가지에
속삭이는 은어隱語가 하나!

그 사람

눈 감으면
밟히는
그렇게 아른대는

조그마한
바람에도
깃발 되어 흔들리는

내 하늘
고운 자리에

물살 접듯 오는 사람

긴힛돈 그츠리잇가

까만 밤하늘 유성流星이 긋고 가는 슬프게 아름다운 나라

풀잎과 이슬이 바람과 구름이 풀잎과 내가 이슬과 내가 바람과 또 내가 나와 구름이 그리고 그대와 내가, 어느 찰나 또는 아주 먼 동안 헤어진다 치자. 이합離合은 구원에서 와 찰나에 머물듯이 그건 인연의 날개짓, 이슬이 골안개 되어 구천九天에서 바람 만난 구름이다가 풀잎으로 되돌아오듯 도솔천에 함께 하는 어울림이 아름답지 아니한가. 허허虛虛 청청靑靑 나비의 날갯짓, 눈짓은 눈짓끼리 그렇게 이어지네 이어진다네. 보라 저 이끼풀이 목말라 하거든 나 이렇게 노래 부르리

긴힛돈 그츠리잇가 긴힛돈 그츠리잇가 아, 님하

거리에서

나른한 한나절을 거리에 나서보면
오가는 발걸음도 부딪치는 어깨도
이제는 한 점 섬이 될
낯선 얼굴들이다

어머님의 흙냄새와 유년의 내 고향이
지하도에 펼쳐놓은 씀바귀 함지 속에
그렇게 누워있었다

먼지를 쓰고 앉아 그 한 해 막달에 쓴
나의 연서戀書 한 토막이 뿌연 낮달로 와
퇴기退妓처럼 걸려 있고
빈 손에 들려 있는 건
지하철 차표 한 장

여 일餘日

길이 들어 얄미운
산새도 떠나갔다

담 돌려 차린 다원茶苑
목상木床을 마주하면

그 눈길 깊이만큼의
한나절이 고인다

일몰의 황홀이야
찰나라서 더욱 곱고

너도 가고 나도 갈
도솔천은 저기 있고

이렇게 무상의 노래
윤 사월 밖에 있다

어느 목숨

교대역 6번 출구
나물 팔던 팔순 노파

금[線] 하나
주욱 긋고

어느 날 승천하다

올 봄엔
산수유 꽃이
더욱 곱게 피려나

예비된 노래

너는 흘러 물이 되고
산山 그림자 안고 간다

회랑을 돌아오는
소복素服 같은 이야기와

빛바랜 오지항아리
울림 같은 사랑아

나는 그냥 비색祕色으로
청자靑瓷 등에 오르고

너는 또 학으로 와
천년을 노래하라

빈 날의 엽신葉信 같아라
나의 슬픈 언어여

상강霜降 언저리

소주 두어 잔에
밤이 되레 쑥스럽고
귀뚜리 울어대는
가을 달은 열나흘
황진이 서러운 밤을
내가 괜히 뒤척인다

그리움은 뉘 이름
사랑이 무어길래
베갯머리 출렁이는 파도야 파도야
아무도 묻지를 마라
내 마음 속 달무리

오늘 내 마음은

마음 속 깊은 곳에
섬 하나가 있었네

조각난 울림과
실종된 언어들이

갇혀진
그 세월 속에
섬이 되어 있었네

마음 속 더 깊은 곳
숲이 거기 있었네

눈먼 새의 노래와
맑은 눈물 한 점이

땅 속에
뿌리를 내려
숲이 되어 있었네

오늘 내 마음엔
바람이 불고 있네

자잘한 추억들이
들풀 되어 일어서고

먼 날의
저녁 종소리
빈 의자에 와서 앉네

탑塔

죽어서
죽지 않는
돌이어서 좋아라

천 년을
딛고 서서
말이 없어 더 좋아라

그 스승
하늘 길 오르듯
나는 그냥 좋아라

산다는 건

채이는 돌멩이가
안쓰런 날이 있다

이만한 나이에도
목젖이 아려옴은

손금을 빠져 나가는
나의 무게 빈 바람

풀 한 포기 꽂힐 자리
가지런히 마련하자

낯선 황야에다
전주電柱 하나 세워 놓듯

그 바람 휘젓고 가는
저기 저 또 한 사람

탄촌炭村 일기

막장에다 걸어보는 자그마한 바램 앞에
네 아내, 네 자식, 너의 조상까지도, 그래
그랬어 엉경퀴 들판에 서면 하늘은 그냥 고왔어

둘째 놈의 도화지엔 시커먼 강이 가고
스스로 빨려드는 뻥 뚫린 개구開口 앞에
그 탄맥 밥상에 오를 너의 진한 목소리

가난이 서러우랴 저 눈빛 다시 그 속
일상이 수수하여 도톰한 해가 뜬다
죽어간 그 새끼만큼 쓰다듬고 싶음이여

이런 미학

흐르지 않는 것은 이미 강이 아닙니다
버릴 것 다 버리고야
겨울 숲은 숲이 됩니다
그래요
바람이 옵니다
강과 숲을 건너옵니다

제 살을 깎고 있는 그믐달이 참 곱네요
하늘 두고 떠나는 철새 떼도 그렇구요
노을은
찰나로 하여
또 얼마나 아름다운 가요

추엽 수엽 秋葉 愁葉

물들고야
지각知覺 난
나뭇잎이 떨고 있다

공수래 공수거라
하늘에다
쓰고 있나

성장盛裝은
두고 갈 나라
이별이라 하는가

입 신立身

바위는 낱말을 베고
그냥 누워있었다
하나 숨결 있어 핏줄을 돌리더니
어느 새 눈물을 알아
의미로 마주했다

아직은 누운 자리
풀리지 않는 강이었다
야무진 정을 맞고
귀가 트고 입이 트고
드디어 빛무리 속에
일어서는 돌이었다

허공을 그린다

긋다가 지워보다 동그라미 그려보다
채색과 무색 사이 차 한 잔 받쳐 들면
또 한 잎 낙엽 지는 소리
내 가슴에 먼 우레

나무는 하늘 두고 제 키를 키워가고
파도는 수평 앞에 몸짓을 추스린다
나는 또 무엇을 바래
내 하루를 다스리랴

나 여기 이만큼 너는 거기 그만큼
무게로 앉은 날이 또 하루를 보태리라
내일이 뒤집힌대도
우린 그냥 그대로

뜸북뜸북 뜸부기

제상祭床의 진설陳設같다
모월 모일某月某日 파고다 공원
또아리로 둘러앉아
손금을 굽어보다
눈 감아 좋을 날짜를
헤아리고 있었다

한 꺼풀씩 벗겨내면
남아 있을 빨간 가슴
이 얼굴 저 얼굴이
주름 잡힌 산천이네
한 세월 뒤집어쓰고
뜸북뜸북 뜸부기

제2장 그래서[然]

그래서[然] / 세 모 歲暮 / 풀꽃 이야기 / 별 곡 別曲

약 속 / 순 명 順命 / 익명의 섬 / 사랑 법 - 겨울나무

비는 내리고 / 별이 한창 고운 밤에 / 윤 회 輪廻

미시령을 돌며 / 연곡사에서 / 사 연 / 설 야

또 하나의 화두 / 사 념 邪念

그래서[然]

북한산 기슭에
생각하는
나무 하나

서러움 털어내는
저 말초末梢의 다스림에

하늘은
품안을 주어
구름 한 쪽 보내느니......

세모歲暮

찬 하늘 내려앉아
더욱 낮은 강물이여

어느 설화 속
기러기 떼 울음소리

지워진
지문指紋이던가

또 한 해가 저뭅니다

풀꽃 이야기

들풀이었다
누워서 생각한 신열이었다

한 놈의 파상풍 같은
죽음 곁의 이야기

이 모두
강을 건너온
그래 그냥 피멍이었다

둑이 길어
달빛이 한참 모자랐다

자식의 죽음과
그 아비의 울음 끝이

맞물려
둥지 사이를
새어나간 밤이었다

우-우-우- 달빛이 울고
너를 따라 나도 울고

앞산에 진달래와
법고法鼓 소리 들릴 때

네 떠난
그 자리에는
파란 풀이 돋았다

별 곡別曲

노을이
부서지면
울음 같은 주홍이겠다

그 물빛
닮아가는
바닷새 울음까지

이 한 밤
악장樂章에 담아
추임새로 남겨둘까

약속

비 오시면 만나자고
약속한
그 한 마디

하루
이틀
사흘 나흘

하늘만 쳐다봤다

영嶺 너머
구름 색깔을
점占쳐 보고 계실까

순 명 順命

칭얼칭얼 손자 놈이 치마 끝에 귀찮아
두릅나무 한나절도 다랑논에 부려 놓고
한 걸음 다시 한 걸음
쑥대밭을 걷던 이여

먼 날을 끌어들여 실없이 끄덕이다
멧까치 잔꾀 같던 그런 날을 밀쳐두고
허허허 虛虛虛
양지 바른 곳
무덤 하나 보탭니다

익명匿名의 섬

너 또한 고만고만한 가면을 바꿔 가며
거대한 익명의 섬에서 얼굴 묻고 살고 있다
하나님 하늘에 계시고 내 얼굴은 어디 갔나

침묵이 힘이 들면 가면을 벗어 보자
화장을 지워가듯 하나 둘씩 그렇게
아뿔싸, 어느 게 나일까 구도求道의 가면 하나

사랑 법
– 겨울나무

그대 아시나요
겨울나무 사랑 법을

마주선 거리만큼
뿌리로 다스리며

꽃 되고
열매되는 길

그대 진정 아시나요

비는 내리고

안개는 숲에 들어
몸을 풀어 내리고

꿈꾸는 능소화는
주검을
감아 돈다

한 모금
아픈 사랑아

비는 그냥 내리고

별이 한창 고운 밤에

그대를 떠나와서
그대를 생각하다

지천의
저녁별이
고운 줄 아는 사람

종소리
이랑져 오듯
내 마음에 일렁이네

아프리카 외진 곳에
풀씨처럼 떨어져

바람에
흔들리며

잔잔하게 웃다가도

적막이
푸르른 밤엔
일어서는 이 현기증

바위를 치는 파도
천 년의 저 몸짓은

별들이
쏟아져 내린
까만 하늘같아서

맨발로
사막을 넘어
돌아가리 돌아가리

윤회輪廻

바람 되어 돌다가 먼 바다를 돌다가
제 살 베며 울다가 댓잎으로 울다가
겨울 산
성근 숲 속에
백매白梅로 온 눈송이!

미시령을 돌며

산은 제물로 하늘 가게 해 두고
바다는 꿈결에나 뒤척이게 놔두자
네 생각 바람에 걸려 다시 돌게 마련인 걸

바람 우는 소리에도 묻어오는 얼굴이 하나
수유리 돌던 새가 보고 싶은 날이거든
그까짓 이름쯤이야 아무러면 어때서

한 생각 또 한 생각 굽이마다 물이 들면
돌아앉은 빈-산까지 말없이 일어서고
사람아, 너는 어디서 네 세월을 돌리는가

연곡사에서

청댓잎
울음 운다
그런 밤을 베고 눕자

덤불 속
숨어 피던

햇살 같은 내 사람아

연곡사
돌아 천 년을
탑돌이로 오는 바람

사 연

문신文身처럼 다가선
살갗 속의 네 이름

그 손길은
차라리
서러운 갈증이다

번져서
수묵에 놓일
산한山閑 속의 이야기

지등紙燈의 흔들림을
나 여기 보느니

그렇게
기러기 울 듯
하늘 길을 트느니

한 자락
세월을 불러
노래지어도 보느니

눈 감으면 노을이 되다
해가 되다 달이 되다

출렁이며
부딪치며
겹치다가 나뉘다가

그래도
모자란 세월
아, 내가 돌이 되리라

설야

발소리 아니어도
예감 같은 눈 내리면

당신이 오시는 줄을
눈 감고도 새깁니다

이런 밤
순백의 눈빛

그 자욱만 하소서

또 하나의 화두

흐르는 건 흐르도록
제 길을 놓아두고
비집고 드는 별빛
그 또한 들게 하라
시위 끝 화살 떠나듯
세상 밖에 있고 싶다

저기 저 숲 사이로
저문 날의 새 소리와
함부로 졸고 있는
달 언저리 도는 구름
그 모두 가락이 되어
묵시默示로 다가서다

사 념邪念

어쩌랴 빈 들녘에 혼자인 걸 나, 어쩌랴

이건 뭐야,
잡초같이 일어섰다 다시 눕다 뒹굴다가 영락없는 혀놀림 같다 나의 사념邪念아. 들길이나 걸어 나가 엉겅퀴에 물어 볼까 스쳐가는 하늬바람 제 또한 알 리 없고 부질없이 세월가고 나는 지금 황달이다 일상은 우중충히 내 등을 짓누르고 배시시 돋아나는 고질병은 또 어쩌랴 철철 흘러 눈물범벅 그런다 될 리 없고 굽이굽이 한숨굽이 묘약일 리 바이없다 허욕이라 무겁거든 그냥 던져 버릴거나 허망이라 헷갈리고 강은 저리 흐르는데 애물단지 따로 없다 짐부리듯 아무데나 덥석 부려 놓을란다 돌아서니 웬 일로 허전하여 못 살겠네 한뎃바람 앞에서 둥둥 뜨는 허망을 어쩔거나 어쩔거나 내사 모르겠네 어느 결에 되돌아가 던져 버린 애물단지 주섬주섬 찾아 들고 잃은 아이 되찾은 듯 대견스레 굽어본다. 이것 봐 알다가 모를 일 하나 보태들고 돌아 선다

그래도 내 가슴 내가 채운 듯 흐뭇하면 고만이지 고만이야

제3장 환장 하겠네

환장 하겠네 / 어촌 한낮 / 일몰日沒의 바다에서

귀향 보고 / 겨울 바다 / 파 도 / 소꿉놀이

감자꽃 / 오월의 신부 / 가을 이미지 / 추억 '97

어디로 가는 걸까 / 우수절雨水節 무렵 / 언니 생각

나의 사랑은 / 모란이 피고 지듯 / 삼막 오장

환장 하겠네

바다도
환장 하겠네

부서지는 저 물보라

밀면서 밀리면서
모래톱을 세워 놓고

제 흔적
제가 지우는

백사장의 이야기

어촌 한낮

해 종일 한 바다는
물너울만 만들고

그물코 손질하다
포항댁은 잠이 들고

짓궂은 바람 소리에
볼을 붉힌 동백꽃

일몰日沒의 바다에서

해초처럼 감겨오는 일몰의 내 현기증
소매 끝 스쳐가는 그런 인연 같아서
이제는
천형天刑을 앓는
강이 저기 흐른다

이만한 세월이면 잊힐 법도 하련만
너는 거기 그대로 잃은 것은 시간뿐
해질 녘
귀소歸巢를 보는
나는 다시 망부석

인주印朱색 닮은 자욱 휘어간 자리에서
파도로 달려오는 눈물 같은 사람아
죽는 날
물빛을 닮은
바닷새로 살거나

귀향 보고

그렇게 세월 앞에
저도 늙는 고향 바다

주름진 수평선을
이마 위에 걸어둔 채

떠나는 뱃고동 소리에
귀를 열고 삽니다

살구꽃 핀 마을이
호우鎬雨의 고향이면

파도에 귀가 먹은
내 고향은 항구 마을

갈매기 울음소리만
흩어 놓고 삽니다

겨울 바다

겨울 새 둥지 곁을
지켜선 외솔이 하나
그 가지 가지 끝에
바람이 앉아 운다

하늘과
이 땅 사이를
겨울이 지나가고

때리고 부서지는
저 뱃전의 아픔만큼
내 가슴 쪼아대는
갈매기 울음소리

하루쯤
환장해도 좋을
붉은 해가 지고 있다

파 도

칼날로 일어서다
헤프게도 펼쳐보다

저 먼 산 그 너머로
손도 저어 보다가

끝내는
윤회輪廻의 바다

물이 되어 눕느니

소꿉놀이

살구나무 꽃그늘엔 나비 떼 놀다 가고
돌이끼 깊은 우물 더욱 깊은 잠에 들고
그 날의 살내음 같은
무덤 하나 저기 있네

순이네 돌담 아랜 사금파리 두어 점
누구의 지게인가 비스듬히 누워 있고
진종일 소꿉놀이에
엄마이던 안 마당

눈 오는 날이 오면 다시 찾아오리라
유순한 초가지붕 나직이 엎드리고
별 하나
나 하나 하던
그 밤 찾아오리라

감자꽃

지금쯤
감자 밭에
피고 있을 감자꽃

땅 속에 고여 있던
울 엄니
그 한숨이

겹도록
줄기에 올라
토닥토닥 피는 꽃

오월의 신부

눈망울은 흑요석 윤기 도는 꽃사슴
먼 데 하늘 지켜보는 오월의 신부란다
그래라 신록 앞에서 살짝 한 번 웃어보렴

보조개 패이듯이 찬찬한 다스림에
한 나무 물오르듯 청산 앞에 네가 서라
오로라 빛난 자리가 후광으로 어울리게

아무렴 그래야지 뜻은 깊고 눈은 멀리
면사포 펄럭이듯 구김 없이 사는 거다
사랑은 가꾸는 나무 네가 바로 꽃나무

가을 이미지

상강霜降은 여인의 눈매로
가지마다 내려앉고

윤기를 잃어가는
이파리엔 빈-소리

솟대 끝 바람이 가면
그 길은 텅 비었다

들녘은 이미
누런빛이 아니다

허수아비 누워 있고
패랭이꽃 부서지고

지난 해 떠난 계집애
돌아오지 아니하고

불임不姙의 과원果園은
석류빛에 기대어

한 마리 새가 되는
꿈속에 젖어들고

밭두렁 돌아간 자리
들 쑥 몇 대 남았다

추억 '97

뒷산 자락
낮 꿩이 울고
나는 한참 서럽던 날

어머님의 옥양목이
품안같이 포근하여

제물에
'뜸북새 노래'
흥얼대며 해가 졌다

고무신에
잡아넣은
송사리 몇 마리가

마알간 햇살 받고
팔딱이던 그 추억이

정수리
알밤을 맞듯
아파오는 날이 있다

자주감자
아린 맛
모깃불이 그리워라

멍석에서 보던 달이
하현下弦으로 절고 있고

한참은
등피燈皮가 아픈
한 밤이 기울더니

어디로 가는 걸까

햇살 퍼지면
잎새 위로 미끄러지는 아침
나무들 마주서서
지난밤을 나눈다

세월은 저만치 가고
무심無心 하나 긋는 산색山色

구름은 피고지고
어디로 가는 걸까
적도를 돌아온
누군가의 이야기가

조용히
아카시아 향에
물이 들고 있는데……

우수절雨水節 무렵

앞산 풀린 물이 돌에 채여 맑게 운다
살구꽃 연분홍은 겨울잠을 털어내고
먼 산만
봉우리 끝에
흰 눈 쓰고 앉아 있다

가느다란 바람기가 목덜미에 감겨오면
을숙도 갈대밭엔 여린 호흡 들리려나
마음만
고삐가 풀려
서성이는 우수절

언니 생각

언니는 수를 놓고
나는 또 봉숭아 뜯고
큰 눈에 글썽이던
그 사연 알 리 없어
손가락
들이대면서
물들이라 보챘었지

면경面鏡을 앞에 하고
분꽃 분을 발라보다
아버님 헛기침에
소스라쳐 일어서던
그 세월
손톱에 올려
물들이며 살고 싶다

나의 사랑은

우리 좀 더 외로워지자
조금쯤 떨어져서
백야白夜 있어 그 언제
만나본 그런 바람
나무들 울음을 배운다
나도 따라 배운다

겨울새 한 마리가
비껴 앉은 가지에는
누구의 유언 같은
잎새 하나 떠돌고
이런 날
나의 사랑은
슬픈 보석입니다

모란이 피고 지듯

모란이 피고 지듯 세월만 피고 진다
만나면 둘이 서로 흘러가는 강이다가

한 밤에
눈을 감으면
일어서는 청산이여

만나면 꽃이 되고 헤어지면 꿈이 되는
그래서 옥가락지 파아랗게 물이 들 듯

우리는
저 세상에서
무슨 새로 나를까

삼막 오장

삼막 오장 이 세상 가장 아름다운 꿈을 꾸는 사나이 등장

부스스한 얼굴의 한 사나이가 절뚝절뚝 지하도를 내려섭니다 기둥 뒤 후미진 곳에 자리를 잡습니다 그리고는 종이 상자 두 개를 포개어 깔고 도르르 몸을 말아 긴 잠에 듭니다 누에가 실을 뽑아 제 몸을 감아가듯 도르르 도르르 꿈을 말아갑니다 꿈속에서 사나이는 이미 혼자가 아닙니다 −발밑에선 아이들이 재잘거리고 사나이는 소파에 기댄 채 신문을 펼쳐 듭니다 아내의 허리선은 미끄러지듯 흘러내리고 부엌에선 찌개가 보글댑니다− 누런 이빨에 질질 침을 흘리며 반쯤 웃고 있는 그 사내 세상에서 가장 아름다운 꿈을 꾸는 얼굴입니다 사나이는 내친 김에 남은 꿈을 뽑아내어 도르르 도르르 몸을 말아 갑니다 영원히 깨지 않을,

이윽고
아침입니다
콰르르 콰르르 첫차가 지나갑니다

제4장 한탄강의 뒤풀이

기도 1 / 기도 2 / 부정父情 – 나 어릴 적 / 섬이 되는 이야기

포항 그 바다 – 나는 지금도 파도소리를 들으며 잠이 든다

저기 한 줄기 빛이 온다 – 《時調生活》 창간 10주년에 부쳐

봄, 봄 / 아, 고구려 / 여인 오십대女人 五十代

한탄강 뒤풀이 / 현 장現場 / 노부부 / 유경有卿아

성윤이의 크레파스 / 때를 민다 / 그 사랑은 불립문자不立文字

기도 1

햇살에 걸려 있는
빈 가지 지등紙燈처럼

부리 연한
새 한 마리
봄날을 노래하듯

오, 주여

머물게 하소서
사모하게 하소서

기도 2

하나님
제 사랑 조금만 덜어내 주세요
언젠가 우리가
나뉘어질 그 날에도
인생은
그런 거라고
반쯤 남긴 술잔처럼

살다 보면
뉘우칠 일 깨달을 일들 참 많아요
감추어 죄 된대도
가려두고 싶은 사연
먼 산을
앉혀 놓고야
내 마음만 같은 걸요

당신께서

부르시면 당신께서 오라시면

소꿉장난 하던 아이

두 손 털며 안길게요

그렇게

여윈 가슴을

안고 살게 해주세요

부 정父情
– 나 어릴 적

편도선이 퉁퉁 부어
물 한 모금 어렵던 날

십리 밖 토마토를
넌지시 내미신다

그 어른
입이 무거워
말도 없이 내미신다

섬이 되는 이야기

가을 같은 고요 속에
이야기가 있습니다

우리가 마주앉아
들어 올린 찻잔 속에

말없이 내려앉아서

섬이 되는 그 이,야,기,

포항 그 바다
― 나는 지금도 파도소리를 들으며 잠이 든다

지금도 그 바다는 가슴에서 뒤척인다
언젯적 이야기가 아직도 남아있어
밤마다 귓속에 들어 나래 접는 바닷새

학산鶴山엔 제비꽃이 지천으로 많았니라
그 날에 펄럭이던 단발머리 소녀야
이 밤엔 파도소리로 내가 너를 부른다

저기 한 줄기 빛이 온다
— 《時調生活》 창간 10주년에 부쳐

바람아 산바람아 맑은 기운 모아다오
이 강산을 딛고 서서 조국을 노래하리
친구여
그 십 년 동안
가꾼 꿈이 곱구나

능금알 익듯 만하라 아주 먼 날의 이야기까지
담쟁이 오르듯이 끼리끼리 속삭이며
이 가을
이삭 줍는 이
그 얼굴만 같아라

산에 사는 작은 새야 푸른색을 쪼아다오
새댁을 맞이하듯 새 얼굴을 그리리라
그리고
노래하리라
저기 한 줄기 빛이 온다

봄, 봄

어찌하면
미친 봄을
닮아볼 수 있을까

걷다가
깔깔대다
꽃잎으로 뜨다가

뜨다가 한참 뜨다가
님의 품에 들고 싶다

아, 고구려

알타이 그 산맥이 휘청이며 자리한 곳
말 달리던 기상으로 그 판도는 동방이라
동해의 돋는 해까지 껴안아 온 사람아

일찍이 너 더불어 하늘이 열리던 날
백두산 세워놓고 천지에 물을 채워
정기를 북돋았니라 아, 너는 고구려

북풍을 몰아 안고도 모자라는 겨레였다
발해 앞바다에 일어서던 파도하며
사위를 눈 아래 두고 깃발 서듯 하니라

아늑한 품안이듯 아사달에 봄이 오면
물 긷는 아낙들과 말 달리는 갈깃소리
그 천 년 그 날의 노래 그 벽화를 보느니

여인 오십대女人 五十代

라운지 너무 높아
턱을 괸 겨울 여자

립스틱을 문지르다
먼 데 하늘 바라본다

뿌옇게
여위어 가다
뒤척이는 겨울 강

한탄강 뒤풀이

깃털 같은 물살 위로 한탄강아 증언하라
어느 집 아드님이 초야初夜를 버려두고
소명召命에 목숨을 바친 파란빛 멧새 울음

휴전선은 녹이 쓴 철조망과 개망초꽃
철새 가고 구름 오고 영嶺 너머엔 서툰 마을
아마도 옷고름 같던 새아씨도 늙었겠다

한숨으로 십 년 가고 눈물로 다시 십 년
그 남은 삼십 년은 시들시들 주름 늘고
어제도 어느 이산離散이 투신으로 끝났단다

현 장現場

'골라골라 골라잡아' 목 터지는 야시장
장단 맞춰 손뼉 치는 눈부신 황홀 앞에

백열등 금싸라기 되어
좌판 위에 흔들리고

등에 업힌 순한 눈이 하나님의 계시임을
몸으로 익힌 밤에 별은 한참 맑았으리

조촐한 합장보다도
더 뜨거운 이 광장

노부부

앞서거니 뒤서거니
아침 산을 오른다

남인 듯 무심한 듯
그렇게 오른다

용케도
닮아 있었네

걸어가는 뒷모습

유경有卿아

며느리란 이름으로 내가 너를 대하면
낮은 밤만 같고 밤은 다시 낮만 같다
내 지난 갈래머리로 품어 안고 싶구나

아가야, 우리 사이 한 뼘 두 뼘 재듯 하랴
마음이 가는 길은 번갯불 같은 것을
단란이 지붕 같아서 우리는 이 한 자리

너는 그냥 내 딸이다 응석으로 다가오렴
기러기 줄을 잇듯 웃음 끝을 이어다오
네 웃음 한 송이 받아 책상머리 꽂아두마

성윤이의 크레파스

줄 세워 그려보자 빨,주,노,초, 파,남,보,
무지개로 일어선다 보,남,파,초, 노,주,빨,
성윤이 웃음소리가 다리 놓은 저 하늘

노란색 삐약삐약 병아리가 한 마리
빨간색을 칠하면 장미꽃이 한 떨기
네 마음 이어지는 곳 피어나는 무지개

때를 민다

여기는 여인 천하 그 하루를 맡깁니다
이 구석은 생선 장수 저 구석은 과일 장수
알몸의
삶들이 모여
풍경화를 이룹니다

과일 장수 때를 밀면 사과 향기 절로 나고
생선 장수 때를 밀면 뽀얀 살이 되살아나
또 하나
아픈 세상이
이리 화사합니다

그 사랑은 불립문자 不立文字

보세요, 좀 들어 보실래요 울 어머니 그 이야기

아침에 눈을 떠서 저녁자리 들 때까지 이 딸년 야단치는 그 재미로 사셨더래요 울 어머니 −조기조침早起早寢 해야 하고 밥 먹을 때 수저는 한꺼번에 잡지 말고 신발 잘잘 끌지 말고 웃을 때는 입 가리고 소리 죽여 웃어라 외출할 땐 옆도 보면 안 되고 남학생이 좇아오면 내가 눈길 줬다고 억울하게 야단치고 어쩌다가 겨울바다 슬그머니 다녀오면 수사과 형사처럼 운동화 뒤집어선 묻어 있는 모래알 들이대며 하시는 말씀 −집안 망신시킬 바엔 너랑 나랑 죽자시니 아이고 하나님 아버지 지가 무슨 큰 죄를 지었다고요 염불 듣듯 하던 훈계 이제라도 줄줄 외워 볼라요 −버선목 뒤집어 보일 일은 아예 만들지도 말아라 내 것 조금 손해보면 세상살이 편하니라 백척간두 서있는 그 마음으로 살아라− 평생토록 파안대소 단 한 번도 안 하신 분 자식버릇 나빠질까 칭찬에도 인색하고 잠잘 때만 어슴푸레 느껴지던 그 손길 한 올 머리카락 흩어짐이 없던 당신 추상같은 자기 다스림 평생잡고 못 놓은 끈, 그 끈이 무어라고

당신의
사랑 이야기
그 사랑은 아, 불립문자 내 가슴 속 불립문자

제5장 화음和音

화 음和音 / 그러네요 / 낙과落果 옆에서 / 청우당聽雨堂

강둑에서 / 무 희舞姬 / 이런 바람 / 목 련 / 상像

운포리雲浦里의 봄 / 단정학丹頂鶴 일기 – 일산 호반

귀뚜리에게 / 환幻 / 조 망眺望 / 무 제無題

이런 날 숲속 길은 / 지중해 사설

화음 和音

하늘엔 별을 키운
어진 손이 하나 있고

땅에는 꽃밭 일군
여린 손이 또 하나

그 사일
심심할까 봐
해가 돌고 있었다

별빛은 아득히
아래로만 내려오고

꽃밭의 고운 향이
여릿여릿 오른다

그 사일
마중 나서듯
달이 하나 둥둥 떴다

그러네요

현기眩氣는 산을 넘어
뉘엿뉘엿 흐려오고

산수유 끝가지에
노란 불을 켰습니다

님이여
가시는 길에
등燈으로 걸으소서

그래요 참으로
시시한 나날들이

내 곁을 스쳐가고
스쳐오는 서슬에도

한 모금
갈증을 채울 시간
아직은 남았네요

별이 갖는 거리만큼
내가 너를 목 늘이던

초라한 시간들을
헹구어 바친다면

그 언덕
내가 바라던
산山 꽃 하나 얻겠네요

낙과落果 옆에서

시월을 끌고 가는 철새 떼 바라보다

그 바위 금 간 내력
뻐꾸기가 울듯이
낙과落果의
아픈 자리를
점괘占卦인 양 지켜서다

저건 물 소리 이건 바람 소리

물소리 바람소리
섞어 놓은 일기장을
어느 날
펼쳐 놓고서
눈물 한 점 보태리라

청우당 聽雨堂

청우당
빗소리는
맑은 날 더 그윽하다

책장
갈피마다
푸른 비 듣는 소리

한가閑家도
주인을 닮아
노장老莊 바다에 잠겼어라

강둑에서

걸어가며 꿈을 꾼다 눈을 뜬 채 꿈을 꾼다
한 모롱이 돌 적마다 불빛 더욱 환해오고
그 무슨 연緣이 남아서
희끗희끗 도는 눈발

처마 끝에 설렌 바람 천 길이면 어떨까
그 날의 철부지들 긴-둑의 들불까지
살구꽃 그 그늘 아래
함께 도는 나비 떼

누구의 삶이었나 눈에 덮인 저 무덤은
작은 산새 한 마리가 가지 끝에 앉아 운다
돌아온 피안의 목숨
원무圓舞하는 저 하늘

무 희舞姬

일체를 다 비웠다
줄을 타듯 살아온 이여
손끝으로 이어지는
지밀至密한 이야기와

비련의
아픈 마디가
빙글빙글 돌고 있다

혼불을 지펴라
저 하늘이 돌고 있다
집시의 저녁 들판
깃발이 흘러가듯

비원은
노을 밖이라
알몸이고 싶었으리

말[言]을 버리고야
비로소 얻은 자리
보아라 깊은 산 속
목이 긴 사슴 가듯

달빛이
또 흔들린다
한 목숨을 풀고 있다

이런 바람

굽은 솔 한 그루가
벼랑에서 보낸 바람
끝동에 물이 들 듯
스며드는 그 바람

하늘이 열리던 날도
이
런
바
람
불었을까

목련

초경初經 앞둔 계집아이
젖망울이 슬프다

하얗게 하얗게만
밤을 두고 아프다가

끝내는
속내를 열어
달빛 아래 스러지다

상像

1
조금씩만 쌓여다오
조금씩만 감춰지게
느릿느릿 앉아다오
숨 한 번만 돌려놓게
순수로
그대가 내려
가지마다 꽃 잔치네

2
한 가닥 네 눈빛이
노래로 와 노래되어
오동잎에 앉은 달빛
나직이 흔들 때면
눈부신
비늘로 내리는
천뢰天籟여 천뢰악天籟樂이여

운포리雲浦里의 봄

운포리 산자락엔 골안개 내려앉고
건너 뵈는 강물에는 섬이 되어 누운 산
이제 막
장끼 한 마리
겨운 봄을 겨룬다

그리움은 어둠 속의 공주인 양 설워라
바람은 숲 속에서 몸살 앓는 들짐승
강은 또
부풀어 올라
뿌연 달을 띄운다

단정학丹頂鶴 일기
― 일산 호반

그 곱던 수련들도
물밑으로 잠겨들고
억새풀 산발한 채
흔들리는 한낮에
한 사람
외로운 여인
그림자로 잠겨 있다

두어 잔 맥주에도
휘청대고 싶은 날엔
그 옛날 출렁다리
첫사랑이 흔들린다
머리에
뽑아 인 상심
단정학이 쓰는 일기

귀뚜리에게

어차피 풀잎 위에 자리한 귀뚜리였다
창틀에 매달린 채 창이 울고 너도 울고
새벽달 서슬에 겨워 밤을 갈[磨]고 있었다

사막을 휘돌아온 바람 맛도 보다가
징징대는 창호지를 지켜보고 앉았다가
이슬 빛 고운 자리로 옮겨 앉아 울었다

촉수觸手에 들어온 것 버릴 일이 있거들랑
세찬 울음발로 휘저어 버려라
그 다음 댓돌에 올라 진하게 배설하라

환還

땅 속에 묻혀 있던
지난 겨울 소식들이
멧새 죽지에 실려
포
르
르
날다가는
계집애
분홍빛 가슴에
메꽃으로 피었네

조 망 眺望

능선이
흐르다 말고
멈칫
주저앉았다

새삼
녹음의 끗발 같은
희열 앞에
내가 서다

드리운
비, 안개, 수묵,
알몸
풍덩 빠지고 싶다

무 제無題

가을걷이 끝난 들판 살쾡이 한 마리 간다

살쾡이
가거나 말거나
그게 무슨 대수라고

내가
왜
머뭇거리나
빈 그림자 놓고 가나

이런 날 숲 속 길은

미당未堂의 단풍잎은
초록이 지친 자리

이런 날 숲 속 길은
말이 없어 좋아라

걸어서 걸어가면서
하늘 끝을 걷느니

죽었다 살아난대도
나는 그냥 풀씨 하나

상시월 지는 낙엽
다시 피는 꽃 이파리

모두는 돌아 돌아서
하늘 끝을 얻느니

지중해 사설

그 섬엔 햇빛과 바람과 눈물이 살고 있었네

그리스의 어느 섬 허름한 선술집 구운 문어 한 접시에 우조* 한 잔 앞에 놓고 햇빛 만발한 지중해를 바라보았네 한물간 여자 가이드는 뱃전을 두드리고 부두 앞 좌판에선 생선 몇 마리가 졸고 있었네 햇빛 탓이었을까 한 잔 술에 취한 내게 바람이 말했네 태양이 떠 있는 바다가 저기 있다고 별들이 쏟아진다고 님프 치맛자락에 감겨도 보라고 아, 나는 가고 싶었네 꿈길 가듯 그렇게 밀리고 싶었네 그렁그렁 눈물 가득한 채 바다에 눕고 싶었네 그대 아니라면 그대 아니 계셨다면
뉘 모를 회한 한 방울 떨구며 돌아온 날

바다가
내 가슴에서
가만가만 울고 있었네

* 우조 : 그리스 토속주

옥양목 품 안 같은 휴머니즘의 영토
- 하정 최순향 시조집 《긴힛돈 그츠리잇가》 평설

李碩珪 / 경원대학교 대학원장, 문학박사

1. 序

어떤 사물을 대할 때 친근하게 한눈에 쏙 들어오는 경우도 있지만 그렇지 못한 경우도 있다. 뭔가 큰 것이 있는 것 같기는 한데 뭐가 뭔지 도무지 잘 잡히지 않는 경우다. 전자는 산뜻하면서도 쉽게 친해질 수 있다는 장점이 있다. 그러나 쉽게 싫증날 가능성이 있다는 데 문제가 있다. 후자는 처음에는 마치 소경이 코끼리 만지듯 막연하게 느껴지지만 그 대신 파고들수록 무궁무진한 맛을 끊임없이 분비한다는 장점이 있다. 쉽게 접근이 되지 않는 대신에 친해질수록 맛이 나는 수십 년을 사귄 벗과 같은 그런 느낌말이다.

최순향의 시조는 바로 후자와 같은 맛을 풍긴다. 처음에 그의 시조를 대하면 얼른 눈에 들어오지 않을 수도 있다. 그러나 시간이 지나면서 점점 맛이 우러나는 그의 시는, 유원(幽園)하고 그윽한 변두리를 지나서야 마침내 얻을 수 있는 꿀맛 같은 인간미와 언어적 감수성을 향유할 수 있게 해준다.

2. 고독과 그리움의 질고(疾苦)

⟨고독⟩

많은 경우가 그 발단은 '고독'에 있다. 로스트 제너레이션의 이른바 군중 속의 고독이 아니라 해도 인간은 누구나 고독을 느끼게 마련이다. 인류의 조상이 선악과를 따먹고 에덴에서 축출 당한 그 순간부터 인간은 매 순간 본능적으로 고독을 느끼고 맛보며 살아왔다. 흔히 매너리즘 속에서 습관적으로 굴복하거나 체념함으로써 고독을 망각하고 지내는 경우라면 진실로 고독의 문제를 해결했다고 볼 수는 없다. 더구나 툭하면 고독을 사랑합네 하는 사람들의 경우도 고독을 극복했다기보다는, 실은 너무도 두려워하는 나머지 무의식적으로 반응하는 자기 합리화의 가식인 경우가 대부분이다.

따라서 고독은 정면으로 대응하여 극복하지 않고서는 근본적으로 해결되는 문제가 아니다.

최순향의 고독은 먼저 군중 속에서 고개를 들고 일어선다.

거리에 나서보면

오가는 발걸음도

부딪치는 어깨도

이제는

한 점 섬이 될

낯선 얼굴들이다

〈거리에서〉 1연 일부

　많은 사람들과 만나고 교제를 하지만, 인간적 교감과 그를 통한 일체감을 발견할 수 없는 단절의 상태가 그의 시조 여기저기에서 '섬'의 이미지로 나타난다. 심지어 마주 앉아 차를 마시며 이야기하는 가운데도 단절감, 괴리감을 지울 수 없다. '우리가 마주 앉아 / 들어 올린 찻잔 속에 // 말없이 / 내려앉아서 / 섬이 되는 이야기'(〈섬이 되는 이야기〉 일부)에서처럼, 포스트 모더니즘적 '해체'가 아닌 동화(同和)와 융합의 의지 속에서도 어쩔 수 없이 발생하는 단절감이다. 아무튼 '갇혀진 그 세월 속에 섬이 되어 있는' 그 고독의 아픔은 그의 시조 속에서 '조각난 울림과 실종된 언어'로 아프게 형상화된다.

　두 번째로 그가 인식하는 고독의 속성은 부재와 공허(空虛)로부터 온다. 둘레를 둘러봐도 진정으로 함께 해야 할 그 어떤 것도 존재하지 않는 상황, 그러므로 그것의 본질은 차라리 자신의 내면에서 우러나는 근원적 고독인 것이다.

들녘은
이미 누런빛이 아니다
허수아비 누워 있고 패랭이꽃 부서지고
지난 해
떠난 계집애
돌아오지 아니하고

〈가을 이미지〉 2연

그리하여 '불임不姙의 과원果園은 / … / 밭두렁 / 돌아간 자리 / 들 쑥 몇 대 남아(〈가을 이미지〉 3연)있는 세상, 그것은 그대로 마음속에 내재한 텅 빈 공허(空虛)가 형상화된 모습이라고 할 수 있다. 당연히 말할 수 없는 쓸쓸함을 동반한다.

이와 같은 그의 고독에 대한 인식과 처절한 질고(疾苦)의 아픔은 필연적으로 새로운 세계로의 탈출과 도약을 예견하게 한다. 치유를 위한 고통의 무의식적 변형, 그것이 바로 그리움이요, 노스탤지어이다. 그리고 보다 능동적 몸부림으로서 인간 본성에의 끝없는 추구와 종교적 다스림은 인간 한계에 도전하는 최순향의 눈물겨운 '열심'이라고 할 수 있는 것이다.

〈그리움〉
그의 그리움의 대상은 먼저 사람의 형상으로 나타난다.

비 오시면 만나자고
약속한 그 한 마디

하루
이틀
사흘 나흘
하늘만 쳐다봤다

〈약속〉 일부

간절한 기다림이요 애절한 그리움이다. 눈을 감고도 님이 오시는 모습을 선명히 그릴 수가 있다. '발소리 아니어도 / 예감 같은 눈 내리면 // 당신이 오시는 줄을 / 눈감고도 새긴다'.(〈설야〉 1연) 그 님의 이미지는 언제나 천성(天城)의 깃발처럼 마음 한가운데서 눈부시게 휘날린다. 그리고 그 님은 '마음의 하늘 고운 자리에 물살 접듯' 다가온다. 아니 그보다 더 순도가 높다. 그의 그리움은 간곡하다 못해 곡진(曲盡)한 사랑의 염(念)으로 표출된다. 그 님은 '지천의 저녁별이 고운 줄 아는 사람'이다. 그 님은 '종소리 이랑져 오듯 내 마음을 끝없이 일렁이게 하는 님'이다. 따라서 그 님은 서정주(徐廷柱)의 즈믄 밤의 꿈으로 이상화된 님이다. 그의 님에 대한 그리움은 쉼 없이 다함없이 꿈속에서 출렁인다. 이상적이다 못해 이 세상에 존재하는 사람이 아닐 수도 있다. 그리하여 그의 님은 궁극적으로 모든 인류가 소망해온 '메시아'의 이미지에 닿아 있다.

그리움은
뉘 이름
사랑이 무어길래

베갯머리 출렁이는
파도야 파도야

아무도 묻지를 마라
내 마음 속 달무리

〈상강霜降 언저리〉 2연

마음속에 출렁이는 그리움의 이미지를 이보다 더 리얼하게 드러낼 수 있을까?

두 번째로 나타나는 그리움은 차라리 어린 시절에 대한 향수 아니, 이상화(理想化)한 노스탤지어라고 부름이 더 적합할 것 같다. 때로는 어리던 날의 치기가, 때로는 정다운 사람이 함께하는 고향산천이, 때로는 알 수 없는 미지의 세계가 애틋한 동경의 대상이 되기도 한다.

아프리카 외진 곳에
풀씨처럼 떨어져
바람에 흔들리며
잔잔하게 웃다가도
적막이
푸르른 밤엔
일어서는 이 현기증

〈별이 한창 고운 밤에〉 2연

끝없이 현기증처럼 일어나는 그 그리움의 연원은 어디일까? 소녀도 아니고 갓 혼인한 신부(新婦)가 멀리 떨어진 낭군을 그리워하는 절절함이 있는 것도 아닐 터인데, 그런데도 그는 향수를 고질처럼 앓고 있다.

뒷산 자락
낮 꿩이 울고 나는 한참 서럽던 날
어머님의 옥양목이 품안같이 포근하여
제물에
'뜸북새 노래'
흥얼대며 해가 졌다

〈추억 '97〉 1연

어린 시절 이유 없이 서럽던 날, 어머니의 포근한 둘레 안에서 편안해져 저절로 흥얼거리는 모습이 눈으로 보듯이 선명하다. 묘사적 이미지의 극치라고 할 만하지 않은가. 그 시절에는 소꿉놀이도 많이 했다. '순이네 돌담 아랜 사금파리 두어 점 / … / 진종일 소꿉놀이에 엄마이던 안마당'(〈소꿉놀이〉 일부) ―근심도 걱정도 없던 아날로그 시대의 가정, 살아 숨 쉬던 자연의 터전에서 조그만 인간관계와 그 분위기가 주는 순박함과 편안함, 그리고 그 속에서 건강하게 자리 잡던 감성과 섬세한 감수성― 그날에 대한 그리움은 최 시인에게 현실 속에서 느끼는 고독을 메워주는 가장 중요한 모티브가 된다. 이를테면 기억 속에 이상화되어 남아 있는 어린 시절은 바로 꿈의 유토피아가 된다는 것이다.

눈 오는 날이 오면

다시 찾아오리라

유순한 초가지붕

나직이 엎드리고

별 하나

나 하나 하던

그 밤 찾아오리라

〈소꿉놀이〉 일부

그리하여 향수와 회귀 – '자주감자의 아린 맛과 모깃불'조차 그림 같이 아름다운 서정의 고향을 이루는 부분이요 질료다. 그러나 간과해서는 안 될 부분이 바로 그의 고향이 바닷가 어촌이라는 점이다.

그렇게 세월 앞에

저도 늙는 고향 바다

주름진 수평선을

이마 위에 걸어둔 채

떠나는 뱃고동 소리에

귀를 열고 삽다다

〈귀향 보고〉 일부

  그 바다는 기억의 공간 속에 그대로 남아 있지만, 현실의 눈으로 다시 보는 고향바다는 단지 어촌의 한가로운 정경 그 자체는 아니다. 고향 바다는 이제 주름진 수평선의 늙은 바다다. 어린 시절 그 바다에 대한 그리움은 그리움대로 간직한 채, 나머지 마음의 공간은 외부세계를 향하여 마음을 열어 놓음으로써 근원적 그리움을 채우려는 희원의 흔적이 발견되는 부분이다.
  결론적으로 그의 그리움과 향수는 메시아적 인간상에 대한 그리움이요, 유토피아를 희원하는 노스탤지어라고 할 수 있다. 그리하여 그것은 인간 근원적 문제에 닿아있는 최순향식의 무의식적 자기인식일 것이다.

3. 종교적 다스림과 휴머니즘

〈종교적 다스림〉
  인간을 제외한 모든 목숨 가진 존재들은 개개의 능력 안에서 최선을 다해 움직인다. 움직임의 내용은 먹고살기 위한 노력에 다름 아니다. 아무리 아름다운 새가 노래를 부르며 날아가도, 비단보다 더 화려한 털로 온몸을 얼룩얼룩하게 장식한 호랑이가 세상을 압도하는 위용으로 포효하여도 그 역시 먹고살기 위한 몸짓에 불과한 것이다. 이들에게 한 가지 목적이 더 있다면 그것은 생식(生殖)을 위한 몸부림이 있을 뿐이다. 결국 인간을 제외한 삼라만상의 삶의 행위는 목숨을 부지하는 것과 후손을 남기는 일이 전부라 해도 과언이 아니다.

그러나 인간은 다르다. 인간은 창조적 차원에서 존재로서의 본질을 깨우치고 보다 완전에 이르려고 한다. 특히 정신적, 영적(靈的) 측면에서는 다른 동물들이 흉내 낼 수 없는 차원을 누리고 있다고 할 것이다.

인간은 스스로 완전해지기 위하여 두 가지 방식을 취해 왔다. 하나는 모든 것을 다 소유하려 하는 것이며, 무엇이든 더 가지려고 노력하는 것이다. 다른 하나는 무엇이든지 최선을 다하여 버리고 안 가지려고 노력하는 것이다. 전자가 육체적, 물질적, 세속적 욕망을 달성하기 위하여 몸부림치는 인간적 고영(孤影)이라면, 후자는 정신적, 영적인 성장과 발전을 위한 다른 차원의 고급한 족적(足跡)이라고 할 것이다. 사람은 누구나 이 양극단 사이의 어느 위치에 존재한다. 그리고 그것은 자신의 내면에 무엇을 입력하였으며 어떤 자질과 기질로서 그것을 받아들이고 소화하는가에 따라 결정된다고 할 것이다.

이런 관점에서 최순향의 사상적 연원은 이제까지 논의한 바, 단절과 부재를 자각하는 데서 오는 고독의 발견, 그리고 부지불식간에 그것을 채우기 위하여 자연스레 우러나는 그리움과 향수의 표출이었다. 그가 앓는 그리움은 육체적, 세속적 욕구의 결핍과 관련한 아픔은 거의 발견되지 않는 반면에, 본질적 본성의 문제에 닿아 있음을 알 수 있다.

필연적으로 그것을 극복하려는 염원은 보다 근원적 접근법을 지향하지 않을 수 없을 것이다. 그리하여 그의 시에서 보다 진지한 종교적 자기 다스림과 깨달음을 향한 행보를 발견하게 되는 것이다.

내가 아는 바로 최순향은 독실한 기독교 신자이다. 그럼에도 불구하고 단순한 기독교적 관점에 머물지 않는 것은 지난 20여 년간 추구해 온 동양 고전(古典)의 천착(穿鑿)으로 결과한 해박함과 관련된다. 따라서 그의 내적 다스림은 기독교 외에도 도교(道敎), 불교(佛敎)사상의 공동의 테두리 안에서 작용하며, 이들은 서로 배타적으로 작용하는 것이 아니라 오히려 자연스럽게 조화를 이룬다.

앞에서 살펴본 바, 고독과 그리움의 질고(疾苦)가 무의식적 자신의 진여(眞如)에의 접근법이라면, 종교적 다스림은 보다 구체적이고 능동적인 깨달음의 추구라고 하겠다.

너 또한 고만고만한 가면을 바꿔 가며

거대한 익명의 섬에서 얼굴 묻고 살고 있다
하나님 하늘에 계시고 내 얼굴은 어디 갔나

침묵이 힘이 들면 가면을 벗어 보자
화장을 지워가듯 하나 둘씩 그렇게
아뿔싸, 어느 게 나일까 구도求道하는 가면 하나

〈익명匿名의 섬〉 1, 2연

깨달음 추구의 제 일보는 자아의 발견이다. 현실 속의 자신의 모습은 진짜 내가 아니라는 깨달음이다. 자신과 다른 사람들의 삶의 모습에서 가면을 발견하고는 인간 본연의 모습, 곧 본성에의 추구를 위한 고삐를 조이기 시작한다.

마음 속 더 깊은 곳 숲이 거기 있었네
눈먼 새의 노래와 맑은 눈물 한 점이
땅 속에
뿌리를 내려
숲이 되어 있었네

〈오늘 내 마음은〉 2연

위의 시는 본성에 대한 보다 구체적인 기억과 인식을 보여주고 있다. 그러나 현실과 이상의 세계에 속하는 본성, 곧 진여(眞如)의 세계와는 먼 거리에 있다.

그것을 극복하는 과정이 인생이 아니겠는가?

인간이 이 세상을 살아가는 이유와 목적에 대하여 기독교에서는 '하나님을 찬양하기 위해서'라고 하고, 불교와 힌두교에서는 '영적(靈的)인 성장을 위해서'라고 한다.

이 두 가지의 명제(命題)는 엄청나게 다른 내용인 것 같지만 좀 더 넓은 안목으로 보면 사실은 같은 의미를 지닌다고 하겠다. 왜냐하면 영적인 성장이 이루어지지 않은 사람이 하나님을 찬양만 하기는커녕 하나님을 인정하려 들지도 않을 것이며, 또한 생의 목적이 하나님을 찬양하는 수준이 되기 위해서는 드높은 영적 성장이 이루어진 다음이라야 가능하기 때문이다.

그러나 이러한 이야기는 이양하(李敭河)의 이른바 '머리 위에 푸른 하늘이 있음을 모르고 주머니 속의 돈을 세느라고 영일(寧日)이 없는' 갑남을녀(甲男乙女)에게는 요원하기 짝이 없는 일이다. 그렇다고 모두들 매양 관심이 없는 것만은 아니어서 거리가 요원하면 요원한 대로 관심을 갖고 접근하려고도 하며, 또한 그 노력이 본격화되기도 한다.

최순향이 이 문제를 해결하기 위하여 여러 가지 노력을 기울이고 있는데, 그 첫 번째가 도교적 성향을 띤다는 것이다.

"흐르는 건 흐르도록 / 제 길에 놓아두고 // 비집고 드는 별빛 / 그 또한 들게 하라"(〈또 하나의 화두話頭〉) 라든지 "세월이야 가랴 하렴 / 뻐꾸기는 울게 두고"(〈동학사東鶴寺 뻐꾸기〉) 등 이나

산은 제물로 하늘 가게 해 두고
바다는 꿈결에나 뒤척이게 놔두자
네 생각 바람에 걸려 다시 돌게 마련인 걸
〈미시령을 돌며〉 일부

보다시피 맞서서 투쟁하거나 정복하려는 것이 아니다. 그저 현실과 이상의 거리를 시인하고 가만히 관조(觀照)하는 것이다. 그렇게 해결하고자 하는 것이다. 그야말로 무위이위(無爲而爲)를 근간으로 하는 도교적 접근법이라 아니 할 수 없다.

두 번째로 현실적 사상(事象)에 대한 불교적 연기설(緣起說) 내지는 윤회적(輪回的) 인식을 꼽을 수 있다.

바람 되어 돌다가 먼 바다를 돌다가

제 살 베며 울다가 댓잎으로 울다가

겨울 산

성근 숲 속에

백매白梅로 온 눈송이

〈윤회輪回〉 전문

존재를 있는 그대로 바라보지 않는다. 이미 현존(現存) 이전에 수없이 윤회하여 현재에 이르고 있다. 또한 앞으로도 수없이 변할 것이다. 따라서 현존의 모습을 그렇게 아파하고 애착을 가질 필요가 없다. 그보다는 신의 섭리로서 윤회 과정의 신비 속에 무한한 의미와 아름다움이 내재되어 있는 것이다.

"눈 감으면 노을이 되다 해가 되다 달이 되다 / 출렁이며 부딪치며 겹치다가 나뉘다가 / 그래도 모자란 세월 아, 내가 돌이 되리라"(〈사연〉 일부)

존재에 대한 이러한 인식은 다른 시 〈파도〉, 〈환還〉에도 나타나는데, 이는 '목숨 가진 자의 슬픔, 또는 존재적 무상감(無常感)을 희석시켜 주는 최선의 지혜라고 할 수 있을 것이다.

세 번째의 접근법으로 최순향은 마음 비우기, 포기하기의 방법을 발견한다.

그것은 환장하는 현실을 벗어나기 위한 몸부림의 결과로 발견한 지혜이다. 그것은 바로 마음을 비우기요, 버리기요, 포기하기인 것이다. 법정(法頂) 스님의 '무소유'나 위치만 니(Watchman Nee)의 '자아가 죽을 때'가 아니라도, 인생에 대하여 철이 들어, 많은 산고(産苦)를 겪은 끝에 궁극적으로 도달하는 곳이 바로 '비움'이 아니겠는가! 하여 시인은 낙엽을 바라보며 이렇게 탄식한다.

공수래 공수거라
하늘에다
쓰고 있나

〈추엽 수엽秋葉 愁葉〉 일부

그러나 최 시인의 '열심'은 여기서 그치지 않는다. 궁극적으로 기독교적 하나님께로 귀의하는 것은 필연이다. 인간적 관조와 수양을 통하여 이르는 인격과 지혜를 가지고는 도저히 해결할 수 없는 마지막 단계에서 최 시인은 끝내 하나님께 매달린다. 그것은 기복(祈福)도 구복(求福)도 아니다. 궁극적인 지점에서 자신의 노력과 수양만으로는 안 되는 세계에 대한 인식이다. 그것의 발견으로부터 오는 원초적 겸손이요 향복이라고 할 수 있을 것이다.

당신께서
부르시면 당신께서 오라시면
소꿉장난 하던 아이
두 손 털며 안길께요
〈기도2〉 일부

이것이 그의 사상과 신앙의 세계이다. 물론 이러한 그의 사상이 완성된 것은 아니다. 아직 과정에 불과하며 앞으로 멀고먼 여정이 펼쳐져 있을 것이다.

〈싹트는 휴머니즘〉

그러나 이러한 내적 다스림은, 종교적 깊이를 더하는 것 외에도 발걸음을 옮길 때마다 여기저기에서 이삭을 줍게 해준다. 그렇게 나타난 것이 생명의 존엄성에 대한 발견과 의식, 그리고 그로부터 발로한 인간에 대한 애정이다.

  결과부터 말하면 생명은 신기한 것이요(〈몰라도 돼〉), 그 생명들이 펼치는 생활의 드라마는 "골라골라 골라잡아 목 터지는 야시장 / 장단 맞춰 손뼉 치는 눈부신 황홀 앞에..."(〈현장〉 일부)에서 보듯이 아름답고도 역동적인 것이다. 또한 신성하기까지 하다(〈어느 목숨〉). 그리고 이러한 생명의 가치와 의미를 고양(高揚)하기 위하여 관계의 소중함에 대한 인식이 정착된다. 인연의 질김, 그리고 그것에 대한 집착을 벗어나서 그리움을 바탕으로 하나로 동화되는 공간이 형성된다. 그리하여 화합과 협동 그리고 융화, 만남의 중요성에 대한 인식이 다음과 같이 그의 시정신을 장식하고 있다.

  離合은 구원에서 와 찰나에 머물 듯이 그건 인연의 날개짓 이슬이 골안개 되어 九天에서 바람 만난 구름이다가 풀잎으로 되돌아오듯 도솔천에 함께 하는 어울림이 아름답지 아니한가 虛虛 靑靑 나비의 날개짓 눈짓은 눈짓끼리 그렇게 이어지네 이어진다네 보라 저 이끼풀이 목말라 하거든 나 이렇게 노래 부르리

    긴힛돈 그츠리잇가

                  〈긴힛돈 그츠리잇가〉 일부

그러나 그의 정신적 다스림이 낳은 산물의 정채(精彩)는 뭐니뭐니해도 인간에 대한 애정의 표출이라 할 것이다. 그것은 인간의 한계를 극복하고 사랑으로써 무한에 이르려는 노력을 바탕으로 한다. 착하고 선량하며 가난한 사람 —약자에 대한 현실적 아픔을 멀리서 바라보고 동정만 하는 게 아니라, 함께 나누고 아파하는 연민과 동정이다.

부스스한 얼굴의 한 사나이가 절뚝절뚝 지하도를 내려섭니다 기둥 뒤 후미진 곳에 자리를 잡습니다 그리고는 종이 상자 두 개를 포개어 깔고 도르르 몸을 말아 긴 잠에 듭니다 누에가 실을 뽑아 제 몸을 감아 가듯 도르르 도르르 꿈을 말아 갑니다

〈삼막 오장〉 일부

어릴 적 그처럼 따스했던 어머니, 그리고 그 어머니 앞에서 천진스러웠던 자신의 회억과 함께 어머니에 대한 사랑, 그리고 언니와 아버지, 자식과 며느리는 물론 지나가다 발견한 어떤 부부, 지하도 좌판대에 쓰러진 어느 노파에 이르기까지 따스한 애정은 끝없이 번져가고 있음을 본다.

4. 시적 감수성

이제 그의 시조에 나타난 이미지 창출의 현장과 심미적 감수성에 대하여 언급할 차례다.

해 종일 한 바다는
물너울만 만들고
그물코 손질하다
포항댁은 잠이 들고
짓궂은 바람소리에
볼을 붉힌 동백꽃

〈어촌 한낮〉 전문

차라리 '한촌(閑村)'이라고 제목하고 싶은 이 시조는 거의 '낯설게 하기' 등 비유적 이미지가 나타나 있지 않다. 보다 창조적이고 읽을 때마다 새로운 의미를 분비하는 것은 아무래도 비유적 이미지라고 할 것이다. 그러나 이 시조는 단지 묘사적 이미지의 틀을 벗어나지 않으면서도 얼마나 한가로운 어촌의 정경을 평화롭게 스케치하고 있는가. 이러한 탄탄한 기초가 중요하다. 현대시인들이 자주 빠져드는 딜레마는 보다

기초적인 묘사적 이미지 창출은 실패하면서도 비유적, 상징적, 초현실주의적 이미지에만 매달리는 것이다. 물론 그것이 더더욱 세련되게 갈고 닦아야 할 과제임에는 이론이 없지만, 그러나 그것의 근원은 언제나 '적절성'이라는 일관된 원칙을 벗어나서는 안 된다는 사실을 너무 쉽게 간과한다.

> 고무신에 잡아넣은 송사리 몇 마리가
> 마알간 햇살 받고
> 팔딱이던 그 추억이
> 정수리
> 알밤을 맞듯
> 아파오는 날이 있다
>
> 〈추억 '97〉 2연

그렇다고 최순향의 시조에 나타난 이미지가 묘사에만 국한되어 있다는 것은 물론 아니다. 비유를 통하여 어린 날의 추억을 현실처럼 정신이 번쩍 들게 되살려내는 촉각적 이미지 창출은 신기(神技)에 가깝지 아니한가. 그의 시적 감수성은 여기에 멈추지 않는다. "앞산 풀린 물이 / 돌에 채여 맑게 울어"(〈우수절雨水節 무렵〉 일부)의 청각적 이미지로

"마음만 / 고삐가 풀려 / 서성이는 우수절"(〈우수절雨水節 무렵〉 일부)은 낭만적 보헤미안의 꿈을 그려낸다. 여인 오십대는 "뿌옇게 / 여위어 가다 / 뒤척이는 겨울 강"(〈여인 오십대〉 종장)의 이미지로 둔갑하고 그야말로 종횡무진이다.

> 제 살을 깎고 있는
> 그믐달이 참 곱네요
> 하늘 두고 떠나는
> 철새 떼도 그렇구요
> 노을은
> 찰나로 하여
> 또 얼마나 아름다운가요
>
> 〈이런 미학〉 2연

그런 가운데서도 최 시인이 추구하는 진정한 아름다움은 스스로를 깎고 잘라내는 '비우기'를 향한 서릿발 같은 자기 다스림에서 찾고 있음을 본다. 그것은 한 인간으로서, 또 한 시인으로서 쉬지 않는 자기 성찰과 자기 다스림이라는 발전을 위한 최순향 특유의 '열심'의 발로가 예술적 감수성에 녹아 있음을 실증해 주는 예라고 할 수 있을 것이다.

끝으로, 이미 도달해 있는 해박함과 자기 다스림, 그리고 시인으로서 드높은 시업(詩業)을 향하여 한 발자국 한 발자국 새겨 가는 '열심'과 성실성이 있는 한, 다소 늦게 출발한 감이 없지는 않으나 崔順香 시인은 필시 우리 시조단(時調壇)의 거목(巨木)으로 성장할 것을 의심하지 않는다.

후 기

사는 일 자체가
연緣을 만들어 가는 일이라 생각합니다
여기까지 오면서
스쳐 지나가기도 하고
지금 옆에 있기도 한
그런 인연의 끈들—

그건 꼭 사람과의 관계만이 아니라
자연과의 만남에서도 그러할 것입니다
어느 순간
가슴 뜨겁게 다가와서
눈시울 적시며 머물다 간
강, 하늘, 산, 노을, 구름, 바람, 이슬—

눈에서 사라졌다고 해도
아주 없어지진 않았으리라 믿어봅니다
서로의 가슴 속에 연緣의 끈으로
그렇게 자리하고 있을 것입니다

부족한 작품을 내 놓으면서 부끄럽기도 합니다만
모든 이들, 모든 것에 대해 감사하고 싶은 마음입니다

그리고 얘기하고 싶습니다

인연의 끈이야 끊어지겠습니까
긴힛돈 그츠리잇가

그동안 저를 이끌어 주시고 기꺼이 서문을 써 주신 時調生活社 柳聖圭 박사님과 바쁘신 가운데도 평설을 써 주신 李碩珪 경원대학교 대학원장님께 마음속 깊이 감사드립니다

내 사랑하는 가족들과 내 좋으신 하나님,
날 사랑해 주신 주위의 모든 분들께
사랑의 마음을 전하고 싶습니다

이 시집을 위해 많은 애를 써주신 도서출판 〈동경〉의
김성철 사장님께도 고마움을 전합니다

2004년 만추에 **최순향**

III
평론

1. 민족적 정서의 형상화와 시적 보편성
   －시천 유성규 시조의 문학적 특성

2. 육당(六堂) 최남선(崔南善)의 《百八煩惱》小考

3. 시천(柴川) 유성규(柳聖圭)와 동시조

4. 이런 날 이석규 시인의 시를 읽는다

민족적 정서의 형상화와 시적 보편성
-시천 유성규 시조의 문학적 특성

Ⅰ. 머리말

 육당 최남선이 시조 부흥운동의 기치를 든 지 꼭 100년. 일제의 침탈과 서세동점(西勢東漸)의 모진 바람 앞에 가물거리던 시조가 기사회생하여 발전을 거듭하고, 오늘날 화려 성대하게 꽃피어 국민시로 자리하고 있다. 이는 첫째로 육당의 선구적인 개척의 공이요, 다음으로 공감하고 호응한 춘원 이광수, 위당 정인보, 가람 이병기, 노산 이은상, 일석 이희승 같은 선각자들의 시조부흥운동과 조운, 김상옥, 이호우, 이영도… 같은 준재들의 계승의 공이다.
 육당, 가람을 제외하고는 이들을 비롯한 후대의 모든 작가들은 대체로 작품 활동을 통해 시조 발전에 공헌한 일면성을 지니고 있다. 그런데 광복 이후 시조 작가, 시조 운동가, 시조 이론가 등 다면성을 아울러 지니고 줄기차게 시조의 지평을 넓히고 있는 시조시인이 있다. 그가 바로 시천 유성규 시인이다.
 시천은 시조에 관한 한 어느 면에서는 육당과 비슷한 데가 있다. 육당이 구한말 외세에 의해 국운이 쇠잔한 절망의 시대에 등장했다면, 유성규는 6·25 전쟁으로 폐허가 된 국토에서 국민정신이 찢기고 문화는 진흙에 묻힌 암흑의 시대에 출현했다. 육당은 단순한 시조 작가가 아니라 '조선주의'를 내건 민족주의자요, 사상가, 철학자, 문화운동가였다. 그는 민족혼을 살리는 유일한 길이 시조부흥운동이라 생각했다. 육당보다 40년 뒤에 태어난 유성규는, 민족의 모든 것이 전화(戰火)로 회신(灰燼)된 암흑의 시대에 '시조는 민족의 꽃'이라 규정하고 시조를 통해 '민족정기를 선양하고, 민족정서를 순화'하자고 외치고 나섰다. 육당이 "시조는 조선 문학의 정화"라고 했는데, 시천은 시조를 '민족의 꽃, 민족의 혼이 배인 민족시'라 하고, 육당의 '조선주의 선양' 대신 '민족정기 선양'을 내걸었다. 이런 인식 아래 시조를 통한 '국민정서 순화'라는 목적의식을 뚜렷이 하고 나왔다.

  육당이 잡지 발행을 통해 시조부흥운동을 전개했듯, 시천도 1964년에 한국 역사상 최초로 한국시조시인협회를 창립하는 데 주도적 역할을 했고, 1989년부터 시조전문지 계간《시조생활》을 창간했으며, 전통문화협의회를 창립, 전민족시조생활화운동을 전개하여 전민족으로의 시조 저변 확대를 추진해 왔다. 시천의 '전민족시조생활화'는 육당의 '시조부흥운동'보다 한 걸음 더 조직화되고 구체화된 '제2의 시조부흥운동'이라 할 수 있다.

시천 유성규가 서울대 국어교육과에 재학 중이던 1958년 정부 주최 대한민국 수립 기념 시조 백일장에서 〈우국원년풍(憂國願年豊)〉으로 장원한 이래 50여 년간 시조 창작을 계속하고 있다. 초기에는 육당 등 제1세대 시조 시인들과 정서면에서 유사성을 가지고 출발하였으나 시력(詩歷)을 쌓으면서 이들의 자장(磁場)을 벗어나 문학적 가치와 예술성으로 현대 자유시의 거장들과 대등한 위치에 올라섰다. 그가 그 동안 외쳐온 시조는 '민족의 전통시'라는 울을 넘어 이제는 시로서의 보편성 추구를 실현하고 있다.

현대시조는 민족시로서의 대중화의 과제와, 본래 창(唱)인 시조에서 곡(음악성)을 빼버린 가사만의 예술성 제고(提高)라는 태생적인 숙명을 안고 있다. 게다가 자유시에 비해 상대적으로 소외되고 있는 현실을 극복해야 할 처지에 있다.

시천 유성규가 김상옥, 이호우 등 2세대 시조 시인의 뒤를 따라 이러한 과제를 안고 있는 현대시조를 계승하여 작가 반열에 선 것이다. 그 뒤로 그는 50여 년간 치열한 작가 정신을 발휘하여 현대 자유시의 거센 물결에 맞서 정형시로서의 시조 존립과 문학성 향상을 꾀하여 국민시로서 널리 국민의 관심을 끌어들이는 데 크게 성과를 올렸다.

그의 활동의 핵심은 시조 창작과 시조보급운동이라고 할 수 있으나, 본고에서는 그의 시조의 문학적 특성 구명(究明)에 중점을 두고자 한다.

Ⅱ. 민족적 자아상(自我像) 부각(浮刻)

시천 시조의 출발점은 민족이다. '민족'이라는 관형어(冠形語)가 붙는 사례로는 '역사 · 전통 · 문화 · 문학 · 정신 · 정서 · 고유시…' 등 얼마든지 있을 수 있다. 이것은 근대시조의 선구자 육당이나 가람, 노산 등과의 공통분모(共通分母)다. 그들이 시조에서 표방한 '민족'은 초기 현대시조 존립의 이념이요 명분이었다. 원래 우리나라의 20세기 이전 왕조 시대에는 민족이란 말은 없었다. 왕에 대한 신(臣)과 민(民)이 있을 뿐이었다. 이 말은 일본을 거쳐 들어온 서구 문화의 산물이다. 우리 국권을 탈취한 일제에 대항하는 이데올로기로서의 '민족'이 'nation'의 일본식 성어(成語)라고 하는 것은 아이러니이지만, 20세기 우리 한국인(조선인)의 정신과 의식을 지배한 하나의 주문(呪文)이었다. 따라서 일제 강점 하에서 육당을 위시한 제1세대 작가들의 시조가 민족의식에서 출발한 것은 당연한 일이었다.

감수성이 예민한 20대에 6 · 25전쟁을 겪으면서 시천은 앞 세대의 그들보다 더욱 절실하고 강렬하게 민족을 의식한다. 시천은 시조를 '민족의 꽃, 민족의 혼이 스민 민족시'라는 인식을 신앙처럼 간직하고, 외세에 의해 망가진 민족의 자아상을 역사와 전통이 스며있는 모습대로 온전하게 세우는 데 몰입하였다. 그러므로 그의 시조에는 예술성 지향과

병행하여 민족의 전통 가치 선양이라는 목적의식이 배어 있다. 그럼에도 그의 시조는 예술성이 오히려 두드러지는 장점을 가지고 있다.

1. 역사의식의 표출

시천 유성규는, 국권 침탈자 일제가 대륙 진출을 위해 일으킨 만주사변 직전인 1930년에 출생하여 식민 통치 후반을 유소년기에 겪었다. 그리고 광복 후의 국토 양단과 민족 분열의 갈등 혼란에 이은 동족상잔의 전란(6·25 전쟁)을 20대에 체험했다.

그는 1958년, 그의 출세작이라 할 〈憂國願年豊〉에서 화약 냄새와 핏자국이 선명하게 남아 있는 전쟁의 상흔(傷痕)을 딛고, 미완의 통일에 대한 비원(悲願)과 우국의 정한(情恨)을 읊었다. 그의 처절한 역사의식의 표출이었다.

멍자욱 가시더니 슬퍼진 건 너와 나
뼛속이 저리도록 고여드는 아쉬움아
스러진 보람 앞에서 몰아쉬는 숨결이여
　　　　　　　　　　　　　　〈憂國願年豊〉 제1연

핍진(逼眞)한 시상, 세련된 시어의 선택, 조사(措辭)의 묘, 절제된 감정의 표출 등에서 서술 위주였던 1세대 시조 시인들의 시풍과는 사뭇 다르다. 바로 현대 시조의 진일보된 모습이다. 이미 자유시의 지평을 소요하고 있다 할 것이다.

이후 그는 민족의 역사·전통·문화에 침잠하여 그것들을 구가(謳歌)하고 국토 예찬에 몰입한다. 종(縱)으로는 단군 이래 5천 년 역사를, 횡(橫)으로는 백두산 천지에서 한라산까지 3천리 강토가 그의 붓끝을 통해 재구성되고 생명력을 얻어 광채를 발하는 것이다.

그의 역사의식은 그가 체험적으로 살아온 일제 암흑기, 광복 전후의 혼란, 국토 양단, 정부 수립, 6·25 전쟁, 자유당의 실정(失政), 3·15 부정 선거, 4·19 혁명, 5·16 군사 정변, 제3공화국 및 유신 체제는 물론이고, 신군부 체제, 산업화, 민주화 등 후세 역사에 특기할 세기적인 대사건들로 점철(點綴)된 격동기를 지나면서, 민족 수난기의 고비마다 생사가 교차하는 극한 상황의 고뇌와 정신적 갈등을 통하여 양성(釀成)된다.

그는 자신이 터득한 역사관으로 오늘의 현실을 비추어 보고 자연히 우국강개지사가 된다. 그 우국은 물론 역사의식에 바탕한 것이다. 오늘날의 시조 시인 중에서, 그는 5천 년의 우리 역사를 자랑스럽게 긍정적으로 받아들이고, 역사의 굽이굽이를 망라하여 풍부한 상상력으로 민족혼의 형상화에 가장 성공한 시인이라 할 수 있다. 김봉군 교수는 적

어도 역사적 상상력이 돋보이는 시천의 시조는 23수나 되며《시천시조선집》민족의 수난기에 대한 준엄·치열한 대결과 낙관적 상상력은 시천 시조의 탁월한 공적이라고 주장한다.

시천의 역사관, 역사의식이 배어 있는 〈東方靈歌〉는 우리 민족의 5천 년 역사를 축약하여 읊었다. 14연의 연시조로 이루어진, 시조로서는 드문 장편이다. 웅장한 민족적 서사시다.

비로소 壯한 하늘이 白頭山을 얻었나니
신단 무어놓고 뜻을 모은 겨레여
그 靈歌 거룩하리라 白衣를 讚하라

—제1연

(제2·3·4연 생략)

三國을 등에 업은 名馬의 울음소리
北關을 치달리면 눈이 펄펄 날렸다
이제는 壯한 說話로 뻐꾹뻐꾹 울어라

—제5연

하늘이 하도 고와 청자 구워 받쳐 놓고

두둥둥 북이 울면 술이 절로 익는데
東山에 달이 오르면 다시 강강수월래

-제6연

(제7연 생략)

善竹橋를 보노니 南漢山城 보노니
忠武公을 생각노니 論介를 생각노니
李朝의 맑은 가락이 마디마디 아파라

-제8연

日章旗 밑에서 姓도 잃고 살았네라
南山의 솔바람은 가난한 물렛소리
痛恨이 光復을 타고 덩실덩실 울었네라

-제9연

낙동강 물굽이에 떠 흐르는 六·二五
멀건 보리죽이 허기를 달래던 날에
그 목숨 祖國에 바친 피의 江이 흘러라

-제10연

(제11연 생략)

呻吟은 오로지 거룩한 遺産일 뿐

奇蹟을 불러 세운 땀방울의 隊列을 보라

고요한 아침의 나라 東方의 燈불이다

-제12연

하늘에서 코리아! 바다에도 코리아!

무쇠 같은 팔다리에 핏줄이 뛴다

雄飛는 깃대를 세워 영광으로 빛나라

-제13연

여기는 福地 우리 이제 光化門을 보노니

血痕의 稜線을 타고 統一이여 어서 오라

歡呼여 이 땅에 있으라 노래 노래케 하라

-제14연

〈東方靈歌〉

유구한 민족의 5천 년 역사를 조감하고 민족의 성쇠와 애환을 때로는 벽력처럼, 때로는 뻐꾹새 울음처럼, 혹은 폭풍으로 혹은 솔바람으로, 어느 대목은 사자후 아니면 속삭임처럼 혼연히 어울려 조화를 이룬 한

편의 장엄한 오케스트라다. 민족사의 단편이 아니라 전사(全史)를 소재로 웅혼하고 곡진하게 읊어 냈다. 그의 강점이다.

제1연에서 하늘 뜻으로 단군이 백두산 신단수 아래에서 건국한 일, 제2·3연에서 "山들은 우쭐대고 江물은 질펀하고"(제2연 초장)하는 천혜(天惠)의 산하에서 순하디 순한 흰옷 백성들이 터 잡아 씨 뿌리며, 공동체의 낙원을 이루고 평화롭게 살아온 천민(天民)의 모습을, "수수한 사람들이 오순도순 모여 사네 / 아낙은 물을 긷고 남정네 밭을 간다"(제3연 초·중장)라고 그려냈다.

고조선 시대를 지나 이젠 삼국 시대. 제4연에서 종교로 상징되는 선진 문화생활과 민족 고유의 화랑도 – 明朗한 讀經 소리 머루알로 익는 밤에 / 遺風이 핏줄을 타고 곱게 나린 花郎아 (제4연 중·종장) – 를 칭송했다.

제5연에서 대륙을 종횡무진 주름잡던 민족의 웅혼한 기상, 제6연에서 청자로 상징되는 난숙하고 현란한 고려의 문화, 제7연에서 "아픈 자욱들을 찍어 놓고 갔던가(종장)"라는 외침(外侵)의 수난, 제8연에서 민족정신의 표상(表象)인 고려 말~조선시대를 빛낸 충절, 제9연에서 일제 침략과 광복의 기쁨, 제10연에서 민족의 대비극 6·25 전쟁의 참상과 통한, 제11연에서 수성(守城)의 명장들에 대한 찬사 (그날의 名將들은 어느 별을 지키는가—중장), 제12연에서 한강의 기적을 이루어 '東方

의 등불'이 된 조국 찬미, 제13연에서 세계로 웅비하는 영광스러운 조국 칭송, 제14연에서 통일에의 열망 등을 노래한 것은 그의 자존과 긍지의 역사관이 표출된 바다.

이렇게 우리 민족 5천년 역사를 한 줄에 꿰듯 펼쳐 보인다. 수난과 퇴영(退嬰)의 역사라는 일부의 부정적인 견해를 압도하고도 남는 호랑이의 포효 같은 박력이 넘친다. 전편에 밝고 희망에 찬 낙천적인 분위기가 가득하다. 특히 제14연은 시름겨운 우리 민족에게 통일의 복음(福音)이 되는 희망과 환희의 메시지다.

이석규 교수는, '… 그(유성규)의 시는 이처럼 이 나라 이 겨레에 대한 깊은 애정에서 출발한다. 그리고 그것은 창세적 이야기부터 출발하지만, 그 한 시대에만 국한되는 것이 아니라 수천 년의 과거를 꿰뚫고 현재로, 그리고 미래로 면면히 이어지는 것'이라고 평한 바 있는데, 적절한 지적이다.

'시조는 민족의 꽃'이라는 믿음을 가진 시천 유성규는 시조를 통해 민족의 전통적 가치―역사·문화·정서·혼―를 선양하려는 목적의식을 가지고 창작에 임해 온 일면이 있다. 이 〈東方靈歌〉는 이러한 그의 시 정신을 가장 충실히 반영한 거대한 민족상(民族像)의 총론격이다. 그래서 뒤이어 읊은 우리 역사·전통·문화·국토 예찬의 그 많은 작품은 모두 이 시의 연장선상에 놓인다.

그의 작품 도처에 번쩍이는 역사적 상상력과 '明朗한 讀經 소리 머루 알로 익는 밤', 살벌한 전쟁을 상징하는 '名馬의 울음소리'와 평화의 상징인 '뻐꾹뻐꾹 울어라'의 대조적 배치, '南山의 솔바람은 가난한 물렛소리'의 민족정기와 국민 생활의 참상을 암유하는 두 소리의 오버랩, '멀건 보리죽이 허기를 달래던'과 '그 목숨 祖國에 바친 피의 江'의 병렬(竝列) 등은 시천 특유의 표현 기법이며 수사학적 개가라 할 것이다.

이 작품에서 다음 몇 가지를 짚어본다.

첫째, 형태미 문제다. 시조는 당초에 초·중·종장을 통한 구조미를 염두에 둔 정형시이므로 어느 시조 작품이나 원초적 구조미는 지니지만 이 〈동방영가〉에서는 시천의 적절한 시어 사용으로 인한 형태미가 압권(壓卷)이다. 예컨대 종래의 시조들이 평면적 처리였다면 시천의 시조는 입체적 형태미를 과시하고 있다.

첫째 연에서 초장은 건국의 공간이 하늘과 땅[白頭山]으로 무변광대한 국가관을 설정하더니 중장은 국민의 구심력 상징으로 신단을 무어놓았고, 민족의 영혼을 색깔의 상징인 백색[白衣]로 설정하여 입체화시킨 형태미가 형성되었다. 14연 어느 것 하나 예외가 아니다.

둘째, 심상(心象) 문제다. 시조에서의 심상의 진화는 시대상의 변화와 비례한다. 육당, 춘원, 위당의 심상은 어느 정도 관념적 심상이라 할 수 있다. 가람, 노산의 작품에서는 보다 진보되고, 초정, 이호우의 작품에서는 더욱 구체화된 심상으로 진일보했다면 시천에 와서는 예술적 심상으로 더욱 심화되었다고 할 수 있다.

〈동방영가〉 제5연 초장의 '명마의 울음소리'는 신라 고구려 백제 3국의 통일을 상징하며, 중장의 '눈이 펄펄 날렸다'는 장대한 북진 정책의 상징, 곧 심상이다.

시천의 역사를 응시하는 눈은, 삼국 통일의 위업을 이룬 신라의 문무왕이 사후까지도 동해에서 왜적을 막겠다는 비원으로, 감포 앞 바다 속 바위틈에 묻힌 전설 같은 사실을 〈文武大王水中陵〉으로 다음과 같이 시화했다. "한 번 죽어 久遠에 살 / 한 사람이 누웠도다 // 꽃술이라 고운 넋이 / 龍이 되어 지킨 나라"(제2연 초·중장). 이 시에서 시천의, 문무대왕의 심적 좌표로 통시적 전이를 통한 민족의 원형적 동일성을 볼 수 있다.

감성과 지성의 조화로 절제(節制)의 미학에 시종한 시천도 전 민족이 궐기한 3·1독립 운동을 다룬 〈파고다 宣書〉에서는, 화산의 폭발처럼 분출한 민족의 힘을 웅변으로 쏟아낸다.

하늘에서 뚝뚝 떨어지는, 하나 血書로 와
눌림도 굶주림도 砂丘를 휘몰아 와
치받아 천둥이 되는 一切는 그냥 힘이었다
〈파고다 선서〉 제2연

온 동포가 하나 되어 죽음을 넘어 전진하는 민족의 위대한 힘을, 고도의 은유로 형상화한 수작이다. 수직 하강에서 휘돌아 수직 상승으로 이어지는 역동적 이미지는 절창이다.

시천의 역사의식은 결국 민족사랑, 나라사랑으로 이어져 〈祖國〉에 귀일(歸一)하여 응결된다.

고이 접어 학일레라
맵씨 있는 원물[圓舞]레라
솔바람이 새침한
하늘을 이고 앉아

靑山을 닮아서 좋을
이 겨레가 있노니

누우면 江이 되고
일어서면 山이 되는
마디마디 그 가락에
젖어 살던 사람아

大地를 닮아서 좋을

너와 내가 있노니

〈祖國〉

  홍익인간의 건국이념 아래 하늘의 도를 받들고 맑고 고운 심성(또는 정서)으로 청징한 자연과 일체가 되어 평화를 갈구하며 이어온 나라. '누우면 강이 되고 일어서면 산이 되는' 자연의 순리를 그대로 따라 착하디착하게, 그리고 대지처럼 든든하고 자애로우며 드넓은 가슴으로 살아온 겨레(민족의 원형). 2연으로 된 비교적 짧은 작품에서 그는 '하늘'과 '대지', '강'과 '산'이라는 네 단어를 사용하여 넓은 공간을 확보하고, 그 안에서 '학'과 '솔바람'을 데리고 '청산'과 '대지'를 닮은 '너'와 '내'가 살아가고 싶다고 노래한다. 이렇듯 '조국'에 대한 온갖 상념(想念)들을 상징적 수법을 구사하여 극히 자연스럽게 형상화하였다. 이 작품에서 시천이 염원하는 조국의 모습을 엿볼 수 있다.

2. 민족정기의 구가(謳歌)

  장구한 세월 우리 민족을 지탱해 온 힘의 원천에는 민족정기가 도사리고 있다. 시천은 역사의 갈피갈피에서 빛을 발하는 민족정기를 찾아내어 목청껏 노래하고 있다. 그에게 있어서 민족은 이른바 살아 있는 신앙이라 할 수 있는 것이다.

 우리 민족은 유사 이래 무수히 외침을 받았다. 그러나 그때마다 반드시 그것을 극복하고 불사조처럼 굳건히 이 나라를 지켜왔다. 시천의 〈선구자〉는 일제 침탈기에 민족정기의 섬광을 내뿜는 독립투사의 모습을 그대로 묘사한 것이다.

北關에 눈 내리고 先驅者는 달린다
목 메인 豆滿江에 달이 잠겨 흐르는데
祖國의 부름을 받고 불덩이가 달린다

말갈기 휘날리며 北間島를 달린다
한 번 죽어 두 번 살자 맹세한 사나이가
달빛이 동강나도록 내리치던 칼바람

〈先驅者〉

 북관, 두만강, 북간도 등 삭풍(朔風)이 휘몰아치는 황량한 무대에서 조국 광복의 사명을 안고 독립 운동에 나선 애국적 열혈남아들이 '불덩이'로 화하여 독자들의 가슴을 달구고 있지 않은가. '말갈기 휘날리며, 달빛을 가르는 칼바람'의 역동적 심상, 치열한 비장미(悲壯美)는 독자를

숙연케 한다.

우리 민족이 걸어왔으며 걷고 있는 길은 고난에 찬 길이다. 뿐만 아니라 앞으로 걸어갈 우리의 미래도 그리 만만해 보이지는 않는다. 그럼에도 시천은 불굴 불패의 신념으로 선구자인양 길을 열어 보인다. 그는 〈戊寅의 다짐〉에서 "우리 언제 고난 앞에 풀죽어 보았던가 / 가난은 길들이고 아픔이면 나눠 갖고 / 오늘은 八分稜線에 새 깃발을 올리자"(〈戊寅의 다짐〉 제2연) 라고 위로와 격려 그리고 희망의 메시지를 보낸다. 이렇듯 고난과 역경이 엄습할 때마다 그는 오히려 민족정기를 힘차게 구가하는 것이다.

그는 또 〈우리 다시 한 번〉에서 "北漢山 城樓 밖을 눈발이 나린다 하자 / 抗하던 깃발까지 섞여 돌아온다 치자"(제1연 초·중장)에서와 같이 혼란과 고난에 처해 있는 우리나라 현실(분단, 윤리 도덕 붕괴, 정치 혼돈 등)을 직시하고, 종장에서 "아, 우리 아픈 祖國을 어쩌라는 말이냐"라고 강개에 차 절규한다. 그러면서도 우리의 선조들이 보여주었던 불굴의 정신에서 구원의 힘(정기)을 끌어낸다. '충무공의 고함소리'(제2연 초장 제3·4구)요, '阿斯達의 북소리'(제3연 초장 제1·2구)이며, '靑山里 퍼런 칼날'(제3연 중장 제1·2구)이 그것이다. 이러한 5천 년 역사의 정신을 이어받아 '맨주먹 神明을 얻어 불을 뿜어 내는 거다'(제3연 종장)라고 국난 극복을 확신하고 또한 다짐하는 것이다.

여기서 만해와 시천을 비교해 보는 것도 의미가 있을 것 같다. 개화기 격동의 역사적 상황에서 만해의 나라사랑 행동은 혁명적이고 과감하고 일관되나 작품에서의 분위기는 여성적이고 긍정적이고 낙관적이다. 김광원은, 현대문학사에서 한용운이 높이 평가되는 이유는 예술성, 사상성, 시대성의 적절한 조화라고 했다. 김재홍은, 만해와 송강 문학의 공통된 특징 가운데 하나를 한국 전통문화의 여성주의라고 지적하고, 이 여성주의적 기질이 단순한 패배주의나 수동적 문화의 패턴이라기보다는 오히려 험난한 역사를 살아가는 한민족의 정신적 저력을 역설적으로 보여 준다고 평하고 있다. 만해의 작품에서는 〈님의 침묵〉을 비롯한 다른 작품에서도 시적 화자가 여성으로 되어 있는 경우가 많다. 김현 또한, 한국문학사의 한 특징을 여성주의로 보고 만해의 여성주의는 긍정적 자기 표출의 방식으로 자유시를 전개해 나가며 탄식의 포스를 완전히 극복했다고 평하고 있다. 우대식도, 〈님의 침묵〉에 드러나는 여성화자는 철학적 세계를 문학적 감동으로 치환시켜주는 역할을 하며, 낙관적 전망을 잠재시키는 기능적 역할도 하고 있다고 했다. 따라서 〈님의 침묵〉의 여성 화자는 문학적 감동을 이끌어내는 시적 장치였다고 말한다.

여기에 비해 시천의 나라사랑 겨레사랑의 표현은 〈파고다 선서〉, 〈선구자〉 등을 비롯하여 지극히 남성성의 분위기가 강한 작품들이 많다.

〈파고다 선서〉에 사용된 단어들을 찾아보면 '횃불', '석상', '힘줄', '우우우 전진', '우뚝', '뚝뚝', '혈서', '치받아', '천둥', '일체', '힘', '깃발', '앞선', '산하', '조국' 등이 있고, 〈선구자〉에서는 '북관', '선구자', '부름 받고', '불덩이', '말갈기', '휘날리며', '죽어 살자', '맹세', '사나이', '동강나다', '내리치다', '칼바람' 등의 단어들이 사용되어 강력한 남성의 포스를 연출하고 있다.

이와 같이 시천의 작품에서는 예술성, 사상성, 역사성의 조화가 만해와는 또 다른 역동적 어울림으로 감동을 주고 있다. 《시천시조선집》 209수의 시 중에 시적 화자가 여성인 것은 거의 없다. 호들갑이나 화사한 여성적인 감정의 남발이 없다. 감미롭게 와서 부드럽게 속삭이며 마음을 움직이는 작품은 별로 보이지 않는다. 어느 작품을 읽어도 시천의 목소리로 이야기하고 있는 것이 느껴진다. 아픔도 사랑도 숨기며 은근히 감추는 우리나라 전형적인 남성상이 오버랩 된다. 이것이 시천의 색깔이다. 또 백수 정완영의 작품과도 수사(修辭)적 측면에서 뚜렷이 구별되는 부분이기도 하다. 〈조국〉이라는 같은 제목으로 쓴 두 사람의 작품을 비교해보면 더욱 확연해진다.

행여나 다칠세라 너를 안고 줄 고르면
떨리는 열 손가락 마디마디 에인 사랑

손 닿자 哀切히 우는 서러운 내 가얏고여

둥기둥 줄이 울면 草家三間 달이 뜨고
흐느껴 목메이면 꽃잎도 떨리는데
푸른 물 흐르는 情에 눈물 비친 흰 옷자락

통곡도 다 못하여 하늘은 멍들어도
피맺힌 열두 줄은 굽이굽이 愛情인데
靑山아 왜 말이 없이 鶴처럼만 여위느냐

〈조국〉 - 정완영

  백수의 조국 사랑은 참으로 섬세하고 절절하다. 아픔이 마디마디 서려 있다. 학처럼 여위어가는 조국의 청산으로 피가 맺힌다. 사용된 시어에서도 시천과 많은 차이가 보인다. 예를 들면 '다칠세라', '떨리는', '에인 사랑', '애절히', '흐느껴', '꽃잎', '눈물', '멍들어도', '여위느냐' 등 대부분의 어휘가 서정적이고 여성적인 것이 많다. 어머니의 자식 사랑의 패턴이다. 그래서 백수의 작품들은 정한으로 누선을 자극하는 것들이 많다. 여기에 비해 시천의 조국은 산하가 누우면 같이 눕고 일어서면 같이 일어서는, 사람과 자연과의 합일을 노래하고 있다.

백수는 '떨리는 열 손가락 마디마디 에인 사랑'이라고 표현하는 데 반해, 시천은 '마디마디 그 가락에 젖어 살던 사람아'라고 노래하고 있다. 여위어 있는 학이 백수의 학이라면 시천의 학은 맵시 있는 원무를 추고 있다. 결론적으로 백수의 〈조국〉이 여성적이라면 시천의 〈조국〉은 남성적이라고 할 수 있다.

3. 문화 예찬의 실상

시천은 우리 문화에 대하여 고혹(蠱惑), 경도(傾倒)라는 말이 어울릴 만큼 관심과 사랑이 대단하다. 이를 예찬한 작품이 많거니와 청자, 백자, 팔만대장경, 석굴암, 국풍, 춘향, 화랑, 별곡… 등의 어휘가 이를 증명한다.

고려 유형 문화의 정수(精髓)라 할 청자에 얽힌 그의 감각적이고 청수(淸粹)한 상(想)을 "솔바람 학의 울음이 함께 나려앉았도다"라고 탄미한 〈青瓷〉나, 한민족의 정서나 원형질이 조선 백자가 지니는 상징성 같다고 노래한 〈像〉에 우리 문화 예찬의 실상이 잘 드러나 있다.

　뻐꾸기 긴 울음에 귀가 먹은 흙을 얻어
　물 먹이고 짓이겨서 빚어올린 항아리
　東方의 슬기를 모아 입김 불어 넣었도다

보드라운 살결이라 먼 하늘이 나려앉고

참한 날 불에 구워 쇳소리를 얻은 날에

솔바람 학의 울음이 함께 나려 앉았도다

(제3연 생략)
〈青瓷〉

조선의 항아리엔

아리랑이 돌고 있다

마시면 어깨춤이

동산에는 둥근 달

님이여

낮은 가락을

보태려고 오시는가

〈像〉

　귀가 먹고 짓이겨진 고난 뒤에 얻어지는 청자에서처럼, 우리 민족의 수난과 애환 뒤에 와지는 민족의 평화와 아름다운 심성을 노래하고 있으며, '항아리' '아리랑' '어깨춤' '동산' '둥근 달' 등의 단어를 사용하여 원만구족(圓滿具足)한 우리의 민족성을 나타내고 있으며, '낮은 가락'이라는 표현은 잔잔하면서도 안정된, 그리고 겸손을 미덕으로 여기는 우리의 정서를 잘 나타내고 있다.

Ⅲ. 전통적 심미(審美) 의식

1. 우아 · 관조(優雅 · 觀照)의 미학

'사랑'이란 제재는 동서고금을 막론하고 문학의 중심을 차지해 왔다. 붓끝마다 '민족', '민족 문화', '민족 정기', '민족 정서', '조국', '전통'을 쏟아내는 시천 유성규의 시조에 사랑이 비집고 들어설 틈새가 있을까?

《柴川時調選集》에 담긴 작품 209수 중 사랑이나 여인 소재의 시가 25수쯤 된다. 약 10퍼센트를 상회하는 정도다. 이는 결코 많은 분량이라고 볼 수는 없다. 그러나 이들 시조를 통해 시천의 붓은 지금까지 보아온 '민족'과 관련된 일련의 시조들과는 또 다른 활기와 정채(精彩)를 빛낸다.

시천이 여인과 사랑을 소재 삼아 갈고 다듬어서 형상해 놓은 시는 이른바 조지훈이 말한 '우아미'와 '관조미'에 그대로 들어맞는다.

시천의 사랑 노래는 다양하여 만남도 있고 이별도 있으며, 아련한 추억 속의 여인도 있고, 마음속 깊이 간직된 여인도 있다. 잔잔한 기쁨도 있고 애수(哀愁)도 회한도 있다. 강렬한 분위기도 있고 수묵화처럼 담담한 이야기도 있다. 그가 추구하는 사랑은 에로스가 아니라 아가페적 사랑이다. 모두가 잔잔하고 우아한 분위기다. 우선 〈水仙花〉를 보자.

숱한 얼굴 중에 내 눈에 머문 사람
내 敎室 한 자리를 水仙花로 앉았었고
그대로 가슴 깊숙이 묻어 둔 肖像이었다

한 세월 훨씬 지나 넌 바다 건너 날아와서
한 잔 두 잔 기울이던 서울의 호젓한 밤
悲戀의 영화 이야길 주고받고 했었지

피차는 사랑한단 말 한마디 못하고
손등만 쓰다듬던 惜別의 그날 밤이
깊은 골 바람 소리로 내 가슴에 오더니

〈水仙花〉

우리 전래의 전근대식 갑돌이와 갑순이의 식물성 사랑 이야기다. 대상과의 일정한 거리두기다. 그러나 깊은 골 바람 소리로 살아 있는 절제된 한국적 사랑의 풍속도다.

어제 이루지 못한 사랑이 내일에는 이루어질까? 〈水仙花〉에 대한 아쉬움으로 시천의 남녀들이 엮을 내일의 사랑을 기대하는 마음을 부풀려 〈내일은〉을 본다.

  달빛이 서러운 날도
  나의 하루였구나

  그대를 그리면서
  또 하루를 보냈구나

  내 江은 어디쯤에서
  멈춰서는 것이랴

〈내일은〉

'달빛', '서러운', '그리면서', '내 江', '멈춰서는' 등의 하강적 이미지의 단어를 사용하여 기다림과 체념이 교차하는 정물(靜物)적 사랑을 노래하고 있다.

    가난한 이웃들이나 짝지어 찾아오게
    쓸쓸한 바람 타고 시드니의 갈매기 운다
    낙낙한 햇살을 헤는 그런 눈매였거니

    어느 바다에서 내 너를 잊기로 했던가
    귓밥을 할퀴는 이런 바람으로 만나면
    아마는 미친 가슴이 둥그렇게 뚫릴게다

(제3연 생략)
〈겨울 바다〉

  실연의 애틋한 사연이다. 밝고 맑은, 그래서 '햇살을 헤는 눈매'를 지닌 그를 붙들지 못하고 놓쳐버려, 두고두고 가슴에 맴돌게 하고는 "어느 바다에서 내 너를 잊기로 했던가"라고 체념한다. 그리고는 "눈 감으면 찍히는 발자욱 하나 // 어느 아내되어 오늘 또 너 經營하느뇨 // 먼 바다 / 입김이 시린 / 오! 쏠레미오 내 사랑"(제3연)하며 자신을 떠나 남의 아내가 된 여인에게 '오! 쏠레미오 내 사랑'이라고 한다. 〈가시리〉,

〈진달래 꽃〉의 정서와 맥이 통한다. 우리 민족 전래의 사랑의 정서 그대로다. '햇살을 헤는 눈매'는 시천 특유의 섬세한 심미안(審美眼)의 표출이다.

  안채를 기웃대는
  사랑방 손님 같은
  내 사랑은 가을 사람
  수숫대 같은 사랑
  으스스
  落葉 질 때면
  다시 도질 내 사랑

〈四季詞〉 중

시천은 고속가(古俗歌)의 인간미 진한 여인들 대신, 깊은 규방(閨房) 속에 격리되어 단좌(端坐)하고 있는 조선 시대 여인상을, 전통의 의상을 입혀 전해주는 것이다.

시천이 그려낸 사랑의 분위기는 모두 적막감이 들 만큼 고요하고 잔잔하다. 정물(靜物)들의 세계다. 담박한 수묵화요 수채화다. 살로메의 광기나 양귀비의 요기가 없다. 집착이 없다. 식물성 사랑이다. 이것도 민족 정서요 전통이라면 전통이다.

〈미인도〉는 유난히 민족의 전통을 주문(呪文)처럼 되뇌던 시천의 미적 상상력이 마침내 유구한 역사의 조탁(彫琢)을 겪으면서 민족의 얼 속에서 자라온 전통미의 표상이라 할 수 있다. 다시 우리 민족 고유의 전통에 내공(內功)을 쌓아 산출한 우아한 미인상이다.

> 모시 적삼 풀세워
> 날을 듯 고운 姿態
> 하이얀 가르마는
> 貞節이라 곧구나
> 石榴가 버는 가슴을
> 입술에다 옮겼다
>
> 〈美人圖〉 제1연

근엄하게 〈파고다 宣書〉를 읊고 경건하게 '阿斯達'을 찬미하고 도학자다운 점잖음으로 〈水彩畵〉를 그리던 시천의 붓끝이 나는 듯 생동(生動)한다. 감각적이고 관능적이지만 지적인 조련(調練)으로 낙이불음(樂而不淫)의 절제를 유지하지만 중장에서 곧고 하얀 가르마는 (조선 시대) 여인의 곧은 정절(貞節)이라는 상징적 표현이 절묘하거니와, 이는 또한 넘치기 쉬운 감성을 잡아주는 추의 구실을 한다. 세련되고 차원 높은 표현 기교다.

> 귀밑머리 두어 가닥
> 맵시로 흘려놓고
> 내비친 살결이라
> 수줍은 치맛자락
> 太極扇 날리는 바람
> 玉色으로 물든다
>
> 〈美人圖〉 제2연

5천 년에 걸쳐 갈고 닦은 우리 민족의 단아한 여인상이다. 끝없는 아름다움을 안으로 간직하고 보일 듯 말 듯 내비치는 은근하고 다소곳함. 시천의 놀라운 감각적 표현이 돋보인다. 운보(雲甫)나 이당(以堂)의 그림이 무색하다.

"蛾眉는 떨려서 좋은 / 그림 속의 여인아"(제3연 종장) 이렇게 여운을 남기면서 붓을 놓았다.

이 한 편은 시천의 사랑, 여인을 노래한 일련의 작품을 망라하여 그 정점에 위치하는 절창으로, 지훈의 〈僧舞〉와 짝할 만한 작품이라 할 수 있다. 지훈의 시적 대상이 동적(動的)이라면 시천의 대상은 정적(靜的)이다. 시천의 사랑 노래는 바로 우리 민족의 사랑 노래다.

2. 「雪梅圖」의 진경(眞境)

진선진미(盡善盡美)한 민족의 자아상을 갈고 닦고 다듬어 새기다가 마침내 시천의 붓끝이 머문 곳. 그곳은 설매(雪梅)로 표상되는 청정무구(淸淨無垢)한 원시 자연의 품이다. 민족의 삶의 원형이다.

> 너와 내가 아이예 맞설 수 없는 저어기
> 질편한 들판으로 꽃이나 뿌리지
> 어느녘
> 사루어 치울
> 목숨인가 말이다
>
> 하냥 서럽더니라 오늘이 表白되는데
> 나 여기 까만 동공으로 술을 마시자
> 雪梅圖
> 걸어놓고서
> 샐쭉 휘던 눈꼬리야

사랑이란 다함이 없는 것 저 하늘을 보라

너울너울 학이 돈다 해가 돈는 걸

치솟아

北天을 도는

철새일 순 없는가

〈雪梅圖〉

얼핏 보면 흔한 사랑의 풍속도 같지만 이는 피상적인 관찰이다. 자세히 들여다보고 음미완색(吟味玩索)해 보면, 애틋하고 간절한 평화와 통일에 대한 민족의 의지와 비원이 감지된다. 고도의 은유·상징법이 동원되었다. 민족의 숙원이며 역사적 사명인 남북통일을 이룩하고 7천만 동포가 평화롭게 살아가는 꿈을 펼쳐 보인 작품이다.

그러나 현실은 어둡다. 시천은 이 절망 속에서 사랑이란 '희망'을 보고 있다. 뒤이은 감격적인 회생의 환희 – 마침내 다함이 없는 사랑은 학이 되어 치솟는다. '남명(南冥)의 대붕'처럼 북녘 하늘을 비상(飛翔)하는 꿈을 꾸는 것이다.

통일 의지의 표상인 〈雪梅圖〉는 시천이 〈憂國願年豊〉이래 오랫동안 민족의 역사와 전통을 순력(巡歷)한 끝에 도달한 그의 민족·조국에 대한 사랑·철학·이상의 귀착점이다. 학이 돌고 해가 돈는 별천지, 희망과 평화가 넘치는 통일향(統一鄕)의 실현을 〈雪梅圖〉 앞에서 염원하는 것이다.

Ⅳ. 시대 정신과 휴머니즘

시천 유성규는 시종 일관 시조를 통해 민족의 아이덴티티를 탐구하고 그것을 선양·찬미하는 데 필력을 모아왔다. 그러나 다른 한편으로 그는 눈앞의 현실에도 눈을 돌려 정치, 경제, 사회 등 시사성 제재의 시화에도 힘쓰고 있다. 문명 발달에 따른 여러 폐단과 급속한 경제 발전으로 인한 사회의 어두운 면 등을 문제 삼아 사회의식·휴머니즘·문명 비판이라는 인류의 보편성 추구를 통해 시조의 지평을 넓히고 있다.

1. 사회 의식의 제고(提高)

급속한 산업화와 경제 발전에 따른 도농 격차, 소득의 양극화, 계층 간 갈등 등으로 인한 암담한 현실을 직시하고 고뇌하며 사회의식을 제고한다. 그렇지만 그의 시조는 문학을 이념의 도구로 사용하는 투쟁이나 선동의 시와는 사뭇 거리가 멀다. 가난하고 약한 서민들의 아픔을 같이 아파하면서도 감정의 과잉남발이 없는 절제미가 돋보인다.

어쩔거여 묵정밭을

큰 애기는 팔려가고

시름시름 오금께로

찬바람 돌아가고

새는 날

혹시나 하던

그 소식도 끊어지고

〈달동네 序說〉 제1연

1950~60년대 우리 빈민가의 정경이다. 70년대 경제 개발 붐을 타고 농촌의 소녀들은 버스 차장이나 공장 여공으로 품팔이 나가(팔려가고), 소식은 아득하고 남은 가족은 "처마 밑 / 낮은 가락을 /길들이는 山番地"(제2연 종장)에서 웅크리고 있다. 처연한 그림이다.

더러는 피울음 되고 어쩌다 노을로 타는 江
工團 十二月은 무거운 산달[産月] 같다
달동네 질러 가르는 시베리아 아린 바람

簡易驛 들뜬 밤에 새어나온 少女야

풋보리 고개를 트는 네 이름은 工女
얼마를 눈물겨워야 은잔 같은 人生이랴

(제3연 생략)
〈工團의 女人〉

살을 에는 바람이 윙윙 부는 을씨년스런 공단 광경이 그림보다 더 선명하게 눈앞에 떠오른다. 그 안의 공녀(工女)는 간이역밖에 없는 시골 농촌에서 보릿고개를 구하려고 막차 타고 온 소녀다. 시천의 붓은 이 가여운 신세에 오열을 삼키면서 현재는 물론 장래마저 암담한 그들의 실상을 거침없이 시적 주제로 올려놓았다.

날씨에 나타난 자연 현상도 시천에게는 민족의식으로 걸러진다. 그의 시조 〈黃砂現象〉에서, 제목만을 보면 민족의식과 연결이 안 되지만, 실은 강한 자주적인 민족의식의 표출이다. 아편전쟁 이후 줄곧 외세에 짓눌려 죽지를 못 펴던 중국이 드디어 굴기(崛起)하는 상황을 "黃河가 꿈틀댄다 노란 바람 날아든다 / 黃巾賊 닮은 바람 이내 龍으로 뜨고"(제1연 초·중장)라고 중국이 굴기하는 모습을 선명하게 시각화하고 나서 종장에서 "한 마리 지렁이가 된 왜 우린 눈이 아릴까" 하고 '대국'의 기지개 앞에 초라해지는 우리 처지를 객관적 절제력을 통한 상징성으로 주지적 성격을 잘 드러냈다.

옛날에 그들의 외침을 수없이 받았던 우리다. 무악재는 그 통로였다. 과거 그들에게 당하고 섬기던 아픈 기억을 되살리고, 오늘날엔 거대한 13억의 밀물 앞에 우리 공단은 맥없이 주저앉는 것이다. '노란 바람'에 노란 '黃疸', 절묘한 첩어(疊語)로 신판 '黃禍論'을 떠올리게 한다. 중국이 재채기하면 우리는 벌써 독감을 앓아야 하는 서글픈 현실을, 시천은 그 특유의 영감과 창조적인 역사적 상상력으로 앞서 깨닫고 갈파한 것이다. 바로 제2연에서 "그 옛날 노란 바람 무악재를 넘었거니 / 한나절 九老工團 시들시들 黃疸이네 / 鄧小平 몸짓 하나로 왜 우린 코가 아릴까"라고 노래했다.

  고개 숙인 남자가 또 하나 지나간다
  마음 속 聖水橋가 대롱대롱 매달리면
  나는 왜 무릎 밑까지 아려오는 것일까

  그대 옷소매가 차갑게 느껴오면
  사뭇 죄스러운 하늘 한 번 쳐다보다
  긴 이불 따순 자리를 알을 품듯 기어든다

〈나의 IMF〉

IMF 사태 때 움츠러든 모습이 그대로 한 폭의 사실화처럼 강하게 눈에 박혀 든다. 1990년대 우리 국민을 좌절과 실의의 늪에 빠뜨린 IMF 사태 또한 촘촘한 그물망 같은 시천의 사안(史眼)을 비켜갈 수는 없는 일이었다. 이 사태를, 우리를 엄습한 거대한 토네이도 같은 태풍을 그는 한 개인에게 초점을 맞춰 금세 주저앉을 것 같은 무력하고 초라한 '고개 숙인 남자'의 상을, 두 동강 나 무너진 성수교의 이미지와 결합시키고 있다.

한때의 경제 발전에 도취해 무서운 줄 모르고 거들먹거리던 군상(群像)이 급속 성장의 반작용에 오한을 느끼며 "긴 이불 따순 자리를 알을 품듯 기어든다"는 냉엄하고 뼈아픈 자기 성찰이 아닌가.

〈우라질 놈의 세상〉, 〈춘추별곡〉, 〈판타령〉 등 사설시조 형식을 취해 사회상을 고발하고 있는 작품들을 보면 평시조 작품들과는 달리 비속어까지 써가며 바람직하지 않은 오늘날의 현실을 꼬집고 있다. 시천의 현대시조에 수용되는 사회상이 실감난다.

2. 휴머니즘의 발현(發顯)

삭막한 현대 문명 구원의 손길은 휴머니즘이다. 따라서 이는 문학의 중요한 과제일 수밖에 없다. 그는 현대 사회의 거대한 격류 속에서 무력하게 살아가는 왜소하고 소외된 인간들에게 따뜻한 눈길을 보내고 생활 감정을 공유하며 애환을 같이 하는 것이다.

 그는 먼저 이 세상에서 천형(天刑)이라 하여 혐오의 대상이었던 한센병 환자들에게 충심에서 우러난 따뜻한 인간애를 보낸다.

 노을이 뚝뚝지면
 너는 또 서러운 문둥이
 시메나루 江을 건너
 이름 석자 남겨 놓고
 멀건 달
 無主空山에
 발가락도 묻어 놓고

 어디를 가려한다
 天命을 가려한다
 눈썹을 빼간 바람
 네가 좋아 사느니
 잉잉잉
 눈물 말리는
 小鹿島를 가려한다

       〈小鹿島 가는 사람〉 4연 중 1·2연

안으로 화산이 폭발하고 큰 강물이 분류(奔流)하는 설움을 억누르고 하늘에 사무치는 원한을 사르며 고절(孤絶)의 섬으로 흘러가는 비운의 주인공들을 수묵화처럼 잔잔하게 그려낸 절제의 미학이 탁월하다.

"無主空山에 / 발가락도 묻어놓고", "눈썹을 빼간 바람 / 네가 좋아 사느니" — 처절한 체념이다. 체념이 아니고는 도달치 못할 구원의 성지(聖地)를 표피적 인간들에게 암묵적으로 제시한다. 서정주나 한하운의 〈문둥이〉의 경지를 웃도는 작품이라 할 수 있다.

시천의 휴머니즘은 섬세하고 예리하다. 비 내리는 어느 날 오후, 쓸쓸한 공원의 한 구석 벤치에 정물(靜物)로 앉아 있는 노인에게까지도 한없는 애련(哀憐)과 측은의 정을 느낀다. 어찌 그 노인에게 뿐이랴. 나아가 이 세상의 모든 생명 있는 것에 대한 원초적인 비애일 수 있으리라. "달빛이 동강나도록 내리치던 칼바람"을 보던 그 서슬 퍼런 눈빛이 어쩌면 이렇게 봄볕처럼 따뜻한 눈길로 변할 수 있는 것일까? 시천의 다사로운 인간애가 느껍다.

질금질금 비 내리고
인적 끊긴 社稷壇
구국구
구국구

비둘기도 슬픈가 보다

벤취엔
멀건 눈동자
빈 하늘만 돌린다

말짱 미친 하늘
鐵馬는 가자 울고
달랑 食券 한 장
占卦 같은 사람아

네 손금
어느 자리를
지켜보고 있느뇨

〈벤취의 노인〉

　제1연은 벤치의 노인의 리얼한 초상화. 제2연 초장의 끝구와 중장의 3~4구 및 종장은 주제와 어울리는 절묘한 표현이다.

3. 문명 비판

시천의 시조에는 문명 비판적인 요소가 많다. 그의 남다른 역사관의 소산일 것이다. 그는 광기(狂氣)어린 현대 문명을 직시하고 회의하며 신랄하게 비판한다.

진종일 날았을까 잿빛 하늘 산자락을
너의 산은 온통 침묵으로 가라앉고
이제 막 가지 끝에서 할딱이는 새 한 마리

光化門 다락에서 쉬었다 올 일이지
그 옛날 風流에도 귀나 밝혀둘 일이지
네 목젖 매운 연기가 욱신대고 있구나

너를 닮은 사람 하나 中浪川에 살던 사람
해소병 도지는 소리 한밤중을 넘겼을까
地球가 앓고 있구나 서울 새가 앓는구나

〈서울의 새〉

환경 파괴가 불러오는 대재앙을 경고하고 고발한 작품이다. 김광섭의

〈성북동 비둘기〉가 연상되며 그와 동렬에 세울 작품이다. '해소병 도지는 소리'가 마치 지구의 종언(終焉)을 예고하는 조종(弔鐘)같이 귓속을 울린다.

위의 작품보다 한층 더 구체적이고 실증적인 현대 문명에 대한 신랄한 비판을 가한 〈照明一號〉가 있다.

메뚜기가 고향을 베고
떼 지어 죽어갔단다
쇳날이 밀어 부친
뒷동산에 올라보렴
뻐꾸기 물든 울음을
들어볼 수 있던가

쟁반같이 둥근 달
저게 바로 秋夕 달인데
이런 밤 어린이들은
ET 영화나 즐기고 있고
달 속의 계수나무는
영영 병들고 말았단다

은촛대는 다락에서

땟국이나 핥아먹고

사람이 만든 별은

大空을 씽씽 돈다

참으로 희한한 세상

살아가고 있구나

〈照明一號〉

문명화나 생활의 편이(便易)는 환경을 파괴하고 지구를 병들게 한다. 자연 속에서 자라야 할 아이들은 문명의 이기에 병들고 있다. 농약 사용과 개발로 생물들이 죽어 간다. 사람 발이 달에까지 도달하여 오염시키고 신화까지 짓밟았다. 하늘을 도는 인공위성(신문명의 첨병)과 다락에 처박힌 은촛대(구문명의 유물)의 아이러니가 인상적이다. 반자연의 현대 문명에 대한 준엄한 경고다.

또한 〈손무덤〉에서는 "아가 손을 꼭 잡고 까까 사다 준다더니 // 그 손목 파란 날[刃]에 썽둥 잘려 나갔더란다 // 가난과 / 天眞 사이로 / 슬픈 江이 흐르고 (제 1연)"라고 노래하며 가족을 위해 공장에서 일하던 가장의 손목이 잘려 나가는 비정한 현대 산업사회를 고발하고 있다.

시 대상과 현장성을 노래하는 위 작품 등에서 시천은 현대 시조의 지평을 넓혀가고 있음을 볼 수 있다. 시천의 작품들은 고시조는 물론 현대 시조에서 조차도 음풍농월이나 퇴영적 서정만을 노래함으로써 시조 존립의 의미에 부정적이던 일부 자유시 만능주의적 사고방식을 불식시키기에 충분하다. 그는 현대 산업사회의 피폐와 왜소화해가는 인간상 등 지금 살고 있는 이 시대를 어떤 문학 장르 못지않게 현장감 있는 구체적 시어로 노래하고 있다.

Ⅴ. 맺음말

시조시인 시천 유성규는 '시조는 민족의 꽃'이라 명명(命名)하고 민족의 역사·문화·전통·정서를 시조로 읊어내는 데 생을 걸다시피 하였다. 그의 시조를 차례로 묶으면 반만년 민족의 정신사·문화사가 될 것이다. 이렇듯 시 세계가 다양한 시조 시인을 찾아보기가 쉽지 않다. 그리고 그의 강점은 민족 소재의 시가 흔히 빠지기 쉬운 강개(慷慨)한 관념어나 탄미(歎美)의 미사여구 나열에서 벗어나, 시어의 조탁과 현대적 표현 기법으로 도달한 고도의 예술적인 형상화에서 찾을 수 있다.

《시천시조선집》을 중심으로 살펴본 시천의 시조에는 유난히 민족의식, 역사의식, 사회의식, 문명비판 등의 작품이 많다. 그는 이러한 주제들을 풍부한 감수성으로 수용하여 철학적인 사색을 거쳐 영롱한 시로 변용시킴으로써 현대시조의 수준을 한 단계 격상시켰다고 할 수 있다. 또한 한국의 고유한 아름다움을 형상화하여 전래 시조의 매너리즘의 껍질을 과감히 벗어 던졌다. 그리하여 그의 시조에 대한 열정은 마침내 정형시의 틀 안에서 자유시와 어깨를 나란히 할 정도로 현대시조의 발전에 기여했다고 하겠다. 이러한 관점에서 그의 〈미인도〉, 〈설매도〉는 육당 이후 선대 작가들을 넘어 자유시의 수준을 뛰어넘는 기념비적 명편이다. 그 외에도 〈파고다 宣書〉, 〈工團의 女人〉, 〈우라질 놈의 세상〉, 〈休戰線〉 등 숱한 작품에서 사회 문제나 시대정신을 시화하는 데 선구적 구실을 했다.

　시조의 율격이나 형태미, 전통적 미학 등은 한민족의 정서적 산물로서, 앞으로는 이들 가치를, 민족을 넘어 세계의 문을 두드려야 할 계제에 이르렀다고 본다. 전통 문화가 시대 변천에 따라 근간(根幹)을 살리면서도 변화 발전을 끊임없이 도모할 때 시적 보편성에 부응할 수 있는 길이 열릴 것이다. 현대인이 요구하는 현대 시조를 위해 시천은 전통적이면서도 그것을 뛰어넘는 이미지 창출에 60여 년간을 집중하여 왔다고 할 수 있다.

　김봉군 교수는, 그(유성규)의 시조시학은 시조의 현대화에 성공한 선구적 업적으로 기록되어 마땅하다. 가람의 시각적 이미지, 초정의 시화

일치의 고전미를 지양·통합하고 노산의 애상마저 훌쩍 뛰어넘었다고 했다.

시천의 시조는 '민족'에서 시발하여 인간의 실존문제, 환경, 문명의 양상, 사회문제 등 당면한 인류의 보편적 가치로까지 우리 시조의 수준을 높이고 있다.

시천은 단순한 시조 작가에 머물지 않고 시조 작법 체계화, 신인 양성, 시조 생활화운동, 시조 단체 창립, 시조 전문지 발간, 또 최근에는 세계전통시인협회 창립 등 시조에 관한 전방위적 활동을 한 전인(全人)적이고 집성(集成)적인 존재로 시조시사에 기록될 것이다.

시조는 발생 시초부터 장편의 가요에 대립적인 단가(短歌)였다. 따라서 45음절 내외의 평시조 단수가 시조의 원형질적 본태(本態)이다. 이 단형 속에 크고 작은 시상을 압축하여 최고의 긴축미(緊縮美)를 지녀야 한다. 시대의 복잡성으로 인하여 단시조에 모든 것을 담기는 쉽지 않다. 그러나 시조의 본령인 단수 평시조로의 복귀가 앞으로 시조계의 과제일 수도 있다. 이 문제에 대해서도 시천은 장고(長考)에 빠져있는 것으로 알고 있다.

덧붙여 현대시조가 대중 문학으로의 보급이 당위(當爲)이니만큼 시천이 전개하고 있는 전민족시조생활화운동은 시의(時宜)에 부합(符合)한 일이므로 계속 추진하여 더 큰 결실 있기를 바라며, 지금 시천이 중심이 되어 시작하고 있는 세계전통시인협회에도 큰 기대를 걸어본다.

  시천의 작품이나 시력, 행적에 비해 그에 대한 연구가 빈약함을 유감으로 생각하며 앞으로 많은 연구가 있기를 기대한다.

2012년 5월

육당(六堂) 최남선(崔南善)의 《百八煩惱》 小考

머리말

19세기말 安玟英(1816~?)을 마지막으로, 왕조의 쇠락과 함께 유구한 시조의 맥도 끊기고 말 운명이었다.

나라가 벼랑 끝에 밀린 세기말을 지나 망국의 暗雲이 뒤덮인 20세기가 밝았다. 나라가 송두리째 기우는 판이라 문화니 문학이니 더욱이 시조니 하는 것은 챙기고 돌아볼 계제가 아니었다.

이 절망의 비상시, 비상한 때에는 반드시 비상한 인물이 나온다 하였다. 5천년 동안 가꾸어온 민족의 문화가, 나라의 비운을 당하여 奈落으로 쓸려갈 위기에 한 거인이 등장하였다. 혜성처럼. 놀랍게도 그는 겨우 19세 소년, 六堂 崔南善이었다. 마치 그의 어린 나이를 상징하듯 《少年》이라는 우리나라 初有의 서구적인 종합 교양지를 쳐들고 찬연하게 나타났다. 때는 망국 2년 전인 1908년이었다.

이 《少年》이야말로 우리나라 근대화의 횃불이요 목탁이었다. 뿐만 아니라, 뒤이어 나온 《靑春》지 등과 함께 우리 시조 부흥의 모태가 되었다. 《少年》지 창간으로부터 올해까지 한 세기가 지나 100주년을 맞이

하였다.

오늘날 시조시인이 수천 명에 이르고 독자층은 수를 헤아리기 어려울 만큼 확대되었다. 국내 주요 일간지의 신춘문예에 시조 부문이 당당하게 일각을 차지한 지 이미 오래다. 어찌 그뿐이랴. 더 나아가 시조는 소설, 시와 더불어 우리 문단의 한 중심축을 이루고 있다. 시조사상 空前의 대성황이다.

여기에서 우리는 새삼 六堂을 생각하게 되는 것이다. 六堂이 소멸 직전의 시조를 되살리는 불을 지피지 않았다면 오늘날과 같은 시조 盛時는 도래하지 않았으리라.

《少年》지 창간 100주년을 맞이하여 六堂의 업적을 기리는 뜻으로, 1926년에 간행된 우리나라 최초의 개인 시조집인 그의 《百八煩惱》를 한번 돌아보아 살피는 것도 뜻있는 일이라 생각한다. 다만 淺學한 탓으로 六堂께 누를 끼칠까 염려스러울 뿐이다.

志學

六堂은 한국을 둘러싼 風雲이 급박했던 1890년, 그 가문의 世居地 서울에서 觀象監技師 崔獻圭의 2남으로 태어났다. 그는 타고난 자질이

영특하고 총명하였다. 6세 때 공부하기 시작하여 천자문을 배우는 데 뛰어난 재질을 발휘하여 사람들을 놀라게 했다. 한문 경전 공부와 병행하여 어느덧 《신약성서》를 비롯, 《천로역정》 등 기독교 계통의 서적을 탐독하며 서양 문명에 대한 식견을 넓혔다. 10세 미만의 어리디 어린 시절이었다.

12,3세 때부터 벌써 붓을 들어 황성신문, 독립신문 등에 憂國慨世의 비장한 글(국한문 혼용)을 써서 투고하였다. 이 무렵에 그는 일본어를 독학하고 일본 신문 大阪朝日新聞을 구독하였다. 아마도 이때까지는 유교 경전 – 四書三經도 섭렵했을 것으로 추측된다. 뒤에 그가 쓴 문장 도처(독립선언문에도)에 유교 경전의 문구가 묻어나오는 것으로 보아, 10대 전반에 학습하지 않았다면 불가능한 일이라 여겨지기 때문이다. 아무튼 조숙한 천재성을 발현한 것이다.

그는 1904년 15세 때 황실의 국비유학생(정식 이름은 한국황실유학생)으로 선발되어 일본에 유학하였다. 일행 50명 중 유일한 일어 소통자였다. 그는 東京府立第一中學校에 입학하였다.

일행 50명 중 10대는 六堂뿐이었고 나머지는 모두 20~30대였다. 이들이 기숙사 또는 학교 내외에서 여러 가지 불미스러운 행동을 자행하는 데 실망한 나머지 그는 겨우 만 1개월 만에 자퇴하고 말았다.

귀국하여 2년간 칩거하며 독학하다가 1906년에 私費로 다시 일본에 유학하여 와세다대학 고등사범부 지리역사과에 들어갔다. 그는 열심히 공부하였다. 세상 이치가 묘하여 재능이 너무 뛰어난 사람에게는 인생 항로가 순탄치 않다. 입학 후 얼마 안 되어 또 일이 터졌다. 평범한 사람이면 그냥 넘어갈 일이었다.

때마침 학교에서 학생모의국회를 열었는데, 그 상정 안건 중에 '조선왕 來朝에 관한 건'이라는 가히 國恥라 할 의안이 있었다. 우국 소년 지사 육당의 피가 거꾸로 솟구쳤다. 그는 울분을 참지 못하고 한국 학생의 總連署를 받아 학교 당국에 맹렬히 항의하여 마침내 철회를 얻어냈다.

그러나 한국 학생들은 이에 만족치 않고 도하 일간 신문에 학장 명의의 사과문 발표를 요구하였다. 불응하자 한국 학생 70여 명이 각 신문에 성명서를 발표하고 전원이 동맹 퇴학을 감행하였다. 이 일련의 일에 육당이 선두에 섰다.

이렇게 되어 대망을 품고 결행한 2차 일본 유학이 3개월 만에 끝이 났다. 그의 학교생활은 전후 합하여 겨우 4개월이었으니, 그의 博學은 일생에 걸쳐 '學而不厭'의 勇往邁進하는 독학으로 이루어낸 것이다.

그는 귀국하였다. 맨손이 아니었다. 학교는 포기하였으나 오히려 대붕의 큰 뜻을 품고 당시의 첨단 인쇄 기구와 다량의 서적을 사들고 왔다. 그리고 출판사 '新文館'을 창립하였다. 놀라지 말 것이 이것이 18세

소년이 저지른 참으로 '통 큰' 일이었다.

그 뒤로 그가 벌인 필생의, 불멸의 대사업과 겪은 榮辱은 뒤에 언급하기로 한다.

篤學 · 力行

육당의 생애를 조감하면 한 사람이 일생에 도저히 해낼 수 없는 일들을 해냈다는 데 대한 놀라움과 畏敬이 앞선다. 인간의 능력이 어디까지 미칠 수 있는지 가늠할 수 없다.

흔히 육당을 계몽운동가, 문학자, 역사학자, 언론인, 사상가, 철학자, 문화운동가, 출판인 등 다양하게 일컫는다. 그가 관여한 일이 하도 광범하고 다양하여 한두 가지 말로는 규정지을 수 없는 것이다. 위에 열거한 것 중에는 우선순위도 경중도 없다. 취사선택도 허용되지 않는다. 구태여 말한다면 이 모두를 종합한 '完人'이 되는데, 이는 너무 참람하여 쓸 수 없고 합당한 개념어가 없음이 한스럽다.

이하 순차적으로, 시조를 중심으로 그의 업적을 살펴보고[瞥見]자 한다.

육당은 왜 출판사를 차렸는가? 국내에서도 이미 신문과 성경을 비롯한 여러 서적을 읽어 새 시대의 조류를 감지하고 서양 문명에 대한 동경과 지식이 있었다. 거기에다 두 차례의 일본 유학을 통해 유럽 문명이 꽃피고 있는 동경 한복판에서 그것을 여실히 보고 들었다.

이 거역할 수 없는 거대한 시대의 조류를 외면하고 衛正斥邪를 부르짖거나 구시대의 미망을 고수하려는 한, 국가와 민족의 내일은 없다고 그는 단정하였다. 타파다, 개조다, 개혁이다, 아니 혁명이다. 그러자면 민중을 깨워야 한다. 계몽해야 된다. 그래서 출판에 의한 새로운 지식의 보급을 위해 출판사를 차리게 된 것이다.

이 신문관에서 1908년 11월에 잡지 《少年》을 창간하였다. 계몽과 개화사상을 목적한 종합 교양지로서 서양의 새로운 지식 소개에 중점을 두었다. 거의 육당 혼자 집필하다시피 하였다. 이 창간호에 실린, 현대시의 효시인 이른바 신체시 〈해에게서 소년에게〉는 겨레의 깊은 잠을 깨우는 우렁찬 종소리였다. 19세 소년 육당의 패기와 기상, 당시의 심경을 유감없이 드러내어 삼천리 강산을 뒤흔들었다.

"처얼썩 처얼썩 척 쏴아
때린다 부순다 무너버린다
태산 같은 높은 뫼 집채 같은 바위돌이나

요것이 무어냐 요게 무어야

나의 큰 힘 아느냐 모르느냐 호통까지 하면서

때린다 부순다 무너버린다

처얼썩 처얼썩 척 튜르릉 꽉"

1절이다. (시 정신과 3·4조 음절수가 시조와 상통되므로 인용하였다.)

바다의 포효라기보다는 잠든 민중에 대한 사자후다. 여기서부터 민족 고유문화의 보존 선양과 새로운 문화 창조를 위한 대장정이 시작된 것이다.

《少年》에 이어 《붉은 저고리》, 《아이들 보이》, 《새별》, 《靑春》, 《東明》 등 잡지를 이어 발간함과 동시에(소년과 청춘에 시조 작품 다수 게재) 국민의 정신을 살찌울 교양서적을 많이 발간하였다.

한편 그는 1910년 21세 때 고문헌의 보존 반포와 고문화의 선양을 목적으로 朝鮮光文會를 설립하였다. 광문회를 통해 실로 방대한 양의 고문헌을 수집하여 간행함으로써 일제의 마수로부터 민족문화의 유산을 지키고 민족의 혼과 지혜를 선양하여 민족의식을 고취하였다. 한 사람의 창의와 노력으로 이룩한 이처럼 거대한 문화 사업은 개화기 이후 지금까지 그 예가 없다.

1919년 3·1 운동(30세 때)에는 불후의 명문 '독립선언문'을 기초하고 34개월 옥고를 치렀다.

　이후 육당은 1920~30년대, 나이로는 30~40의 장년기에 민족의 역사와 문화의 정체성을 찾아 국사를 비롯한 국학 연구에 몰입하여 사상가로서의 면모를 가지고 우리 앞에 다가선다. 그것은 '조선 정신' 또는 '조선주의' 전도사로서다. 그의 '조선주의'는 무엇인가? 달리 말하면 곧 민족주의다(요즘 일부에서 부르짖는 민족주의와는 다르다). 그의 '조선주의'는 구체적으로 첫째 국토 예찬이다. 국토가 왜의 강점하에 있기 때문에 국토에 대한 사랑이 더욱 절실하였을 것이다.

　그는 국내의 명산대천을 두루 답사하고 기행문을 발표하여 국민의 심금을 울렸다. 〈白頭山覲參記〉, 〈금강예찬〉, 〈尋春巡禮〉, 〈조선유람기〉 등을 들 수 있다.

　둘째로 민족 예찬이다. 백두산과 금강산은 민족의 聖山으로 성스러운 조선심의 表象이라는 것이다. 그는 민족의 시조로 단군을 선양하고 '太白聖人' 단군의 후손인 우리 민족은 따라서 聖民이 된다. 이렇게 일제에 짓눌린 민족의 자부심을 높이고자 노력하였다.

　셋째로 문화 예찬이다. 그는 우리의 문화를 종합적으로 깊이 널리 탐구하여 밝히고 알림으로써 민족의 자존심과 사기를 앙양하였다.

　위에서 육당의 문화사에 끼친 업적을 요약하였다. 국말에 태어나 개화기와 일제 강점기를 거치면서 우리 문화를 일단 중간 정리하고 민족 문화의 새 진로를 계시한 육당의 공적은 지대하다. 그를 우리의 **문화 영웅**이라 불러도 과언이 아닐 것이다.

국문학의 본류

　육당은 시조 부흥의 제일 공로자다. 망국과 함께 자칫하면 소멸했거나 기껏해야 唱으로 여맥을 유지할 뻔했던 비운의 시조를 되살려낸 이가 육당임을 앞에서 누누이 말하였다. 더욱이 단순한 부활이 아니라 발전적인 부활을 가져온 데 역사적인 의의가 있다. 古色이 찌든 때를 벗겨내고 근대적인 문학 의식과 예술 감각으로 옷을 갈아입혔다. 그리고 손색없는 문학 장르로 격상시켜 국민 문학의 영역으로 편입시켰다.
　여기에서 잠시 그의 시조관을 정리할 필요가 있겠다.
　첫째로 육당은 시조를 우리의 고유 시형이라 하였다. 그 기원을 삼국 시대 이전, 한시가 들어오기 전에 형성된 우리 민족 특유의 시가체라고 주장하였다. 그는 시조를 문학의 관점이 아닌, 뒤에 제창하게 될 '조선주의'의 시각에서 인식하였다.
　둘째로 그는 시조를 지난 시대 우리 시가의 본류요, 우리 문학의 精

華라고 찬미하였다. 그래서 그의 초기 작품을 〈國風〉이라는 이름으로 발표하였다. 이는 바로 《詩經》에서 〈국풍〉이 본류로서 문학성이 뛰어난 데 연유하였을 것이다.

셋째로 그는 시조를 '엄숙한 사상의 한 容器'라고 인식하고 있었다. 마치 옛날 성리학자들이 시를, 도를 담아 전하는 도구 —載道文學— 로 인식한 것과 軌를 같이 한 것이다. 육당은 시조가 그저 주석에서 주흥을 돋우거나 일 없는 한가로운 사람의 吟風弄月일 수 없음을 밝힌 것이다.

육당은 자신이 편집하여 펴낸 역대 시조집인 《時調類聚》 서문과 그의 창작시조집 《百八煩惱》의 서문에서 다음과 같은 시조관을 피력하였다.

"시조는 조선 **문학의 精華**며 조선 **시가의 본류**입니다. 시방 조선인이 가지는 **정신적 전통**의 가장 **오랜 實在**며 예술적 재산의 **오직 하나인 成形**입니다. ……"(《時調類聚》 서문)

"……다만 시조를 한 문자 유희의 구렁에서 건져내어 **엄숙한 사상의 一容器**를 만들어 보려고 애오라지 애써 온 점이나……"(《백팔번뇌》 서문)

넷째로 육당은 기회 있는 대로 시조에 대한 이론을 전개하여 학문적 접근(학문적 연구 대상)의 길을 열었다.

《백팔번뇌》 분석

육당은 1926년에 우리나라 최초의 개인 시조집 《백팔번뇌》를 간행하였다.

이제 이 시집에 대하여 중점적으로 논의할 차례가 되었으나, 이에 앞선 육당의 개화기 시조에 대하여 일별하는 것이 좋을 듯싶다.

육당의 최초 시조 작품은 1907년 대한유학생회보에 발표한 〈國風四首〉로 알려져 있다. 그러나 《백팔번뇌》의 서문 끝에 **"최초의 시조로 활자에 신세진 지 23년 되는 丙寅해…"** 라고 한 것으로 보아 1903년(14세)에 벌써 시조를 창작하여 신문에 투고, 게재되었던 듯하다. 현존의 각종 기록에는 1906년 7월 21일 대한매일신보에 발표된 大丘女史의 《血竹歌》가 육당보다 1년 앞선 것으로 되어 있으나 역시 육당이 먼저다. 그러므로 옛시조 이후 개화기의 최초 시조 작가의 영예는 14세 소년 육당의 차지다.

이후 육당은 신문 또는 자신이 발간한 《少年》·《靑春》誌 등에 계속 수많은 창작 시조를 쏟아내어 시조의 보급에 진력하였다. 물론 당시의 작품은 문학성이 현대 시조의 수준에 미치지 못한다 하여 그 많은 勞作에도 불구하고 문학적으로는 후한 평가를 받지 못하는 것도 사실이다.

그러나 이른바 '개화기 시조'로서 고시조에서 근·현대 시조로 발전하는 과정에서 교량의 구실을 했던 과도기적 작품으로서 역사적 의의가 크다.

육당의 개화기 시조가 비록 문학성과 예술성에서 刮目할 수준이 아니라 할지라도, 역사성과 시대적인 사명에서 중대한 의의를 지니고 있다. 어찌 예술성이라는 잣대 하나 가지고 개화기 육당의 시조를 논할 수 있겠는가? 춘원의 《無情》이 膾炙되는 것은 그 문학성이 아니라 우리나라 최초의 근대소설이라는 역사적 의의에 무게를 두기 때문이다. 개화기에 〈국풍〉을 필두로 산출된 그 숱한 육당의 시조들도 이런 관점에서 보아야 한다.

1세기 전의 작품을 현재 우리의 눈높이에서 볼 것이 아니라 당시의 시대적 배경과 안목으로 바라보아야 한다.

당시 육당의 시조가 아직은 고시조와 같은 舊套를 완전히 탈피하지는 못했으나 行間에 넘치는 정신과 기상과 패기를 보라. 새로운 서구 문명에 대한 동경과 열정을 보라. 구시대를 장송하고 새 시대를 건설하려는 혁신 의지를 보라. 우국 애족의 至情을 보라. 우리 문화에 대한 사랑과 존중과 긍지를 보라.

한마디로 육당은 시조라는 시형을 빌어서 당시의 시대정신인 국민계몽과 개화사상 보급으로부터, 나아가 민족 보존과 독립 정신 배양의 이상을 지향했던 것이다. 문학성 예술성은 둘째 문제였다. 이 시기 육당의 시조는 자자구구가 다 위와 같은 정신 고양을 위해 모아지고 조직된 대국민 시국 선언문이요 담화였다.

이 시기(개화 초기)로부터 10여 년이 지난 1926년에 육당은 드디어 우리 역사상 처음으로 개인 시조집을 세상에 내놓았다. 국권을 상실한 지 16년 되는 해요, 기미독립운동으로부터 7년째 되는 해다. 일제의 식민지 동화정책은 날로 심화되고, 민족정신 말살을 위한 문화 침탈 정책이 착착 진행되고 있었다.

이런 와중에 문단에는 소위 조선프롤레타리아예술가동맹(약칭 카프, KAPF)의 깃발이 꽂혔다. 그들은 원래 민족과 국가를 뛰어넘어 범세계 노동계급의 해방을 앞세우므로 우리 민족이나 문화에는 냉담하였다.

민족문학 내지는 민족문화 진영이 직면했던 외우내환이었다. 이때 육당은 어느덧 37세 장년이었다. 개화사상이다, 계몽사상이다 하는 깃발을 들고 정신없이 뛰어다니던 홍안 소년이 아니었다. 단순한 개화·계몽사상의 전도사도 아니었다. 이젠 시조 부흥이니, 신체시니, 언문일치 문장 운동이니 하는 문학의 울타리를 훌쩍 뛰어넘어 우리의 심원한 민족문화 전반에 걸쳐, 사학, 문학, 민속, 신화, 전설 등 가리지 않고 뛰어들어 천착하고 궁리하는 석학이 되어 있었다.

어쩌면 10~20代의 방장했던 혈기·의기·분기·치기를 승화시켜 학문을 대성하여 박학, 경륜, 국량, 지략 등을 겸비한 문화 지도자, 아니 문화 영웅으로 자리 잡고 있었다. 이런 시대 상황과 본인의 사회적 位相下에서 이 시조집이 탄생하였다.

이 시조집의 탄생 배경을 약설하였으니 이제 본론으로 들어가 우선 그 體裁와 구성부터 살펴보자.

《백팔번뇌》는 앞에서 말한 대로 우리나라 최초의 개인 창작 시조집이라는 데 역사적 의의가 있다. 개화기 시조를 넘어 근대시조로 문학성을 한층 격상시킨 108수의 작품을 수록하였다.

권두에 서문이라고 명시하지 않았으나 서문 성격의 글을 '한샘(육당의 별호)'이라 서명하여 실었다. 모두 3부로 이루어져 있는데, 제1부 〈동청나무 그늘〉 36수, 제2부 〈구름이 지난 자리〉 39수, 제3부 〈날아드는 잘 새〉 36수로 합하여 111수다.

권말에는 '題語'라는 이름으로 石顚 朴漢永, 碧初 洪命憙, 春園 李光洙, 爲堂 鄭寅普 등 4인의 발문을 붙였다. 각 부마다 첫머리에 서문이 있다. 명산, 대천, 명승고적, 역사적인 유래 등을 題材로 삼았을 때에는 거기에 대한 해설을 곁들여 독자에게 다가갔다.

제1부는 〈궁거워〉 9수, 〈안겨서〉 9수, 〈떠나서〉 9수, 〈어쩔까〉 9수로 4題 36수다.

제2부는 〈단군굴에서〉 3수, 〈강서 삼묘에서〉 3수, 〈석굴암에서〉 3수, 〈만월대에서〉 3수, 〈천왕봉에서〉 3수, 〈비로봉에서〉 3수, 〈압록강에서〉 3수, 〈대동강에서〉 3수, 〈한강을 흘리 저어〉 3수, 〈웅진에서〉 3수, 〈금강에 떠서〉 3수, 〈백마강에서〉 3수, 〈낙동강에서〉 3수 등 13제 39수다. 목차에 36수라 명시했기 때문에 이후 통상 36수로 나오나 실은 39수다. 따라서 총 108수가 아니라 111수라고 해야 맞다.

제3부는 〈동산에서〉 3수, 〈일람각에서〉 3수, 〈새봄〉 3수, 〈새잔디〉 3수, 〈봄길〉 3수, 〈시중을 굽어보고〉 1수, 〈혼자 앉아서〉 1수, 〈혼자 자다가〉 1수, 〈동무에게〉 3수, 〈새해에 어린 동무에게〉 3수, 〈세 돌〉 3수, 〈한우님〉 1수, 〈님께만〉 1수, 〈창난 마음〉 1수, 〈웃으래〉 1수, 〈어느 마음〉 1수, 〈턱 없는 원통〉 1수, 〈어느 날〉 1수, 〈한강의 밤배〉 1수, 〈깨진 벼루의 銘〉 1수 등 20제 36수다.

재미있는 것은 구성이 수학적으로 정연하다는 점이다. 제1·2부는 모두 반드시 1제에 3수씩, 제3부만 1제에 1수와 3수 두 가지로 되어 있다. 1제에 2수나 4수 짜리가 없다. 거기에다 부마다 36수씩(2부는 39수인데 36수라고 억지로 맞춘 듯) 맞추었다. 참 신기한 일이다.

육당의 곧고 반듯하고 흐트림 없는, 규모 정연한 내면의 일단을 보는 것 같다.

다음에는 시형을 살펴보자.

111수 전부가 평시조. 제3부의 12수만 단시조일 뿐, 나머지 모두 3수씩 연시조다. 육당은, 시조는 우리 고유의 정형시이니만큼 엄격하게 운율(물론 자수율)을 지켜야 한다고 늘 강조하였다. 숙·영종조 이후 평민문학의 발흥과 함께 정형성이 문란해진 점을 의식하고 한 말이었다.

육당이 따르고자 했던 시조의 정형은 주지하는 바와 같이 3444 / 3444 / 3543 총 3장 6구 45자다. 그는 이 기본형을 지키려 애썼다. 111수 중에서 종장 1구 3자, 2구 5자는 단 하나의 예외도 없다.

위에 제시한 자수율을 지키려고 육당이 애쓴 노력의 흔적을 그의 시 111수에서 역력히 볼 수 있다. 111수 총 1332구(3장 12구로 볼 때) 중에서 예외는 32구에 불과하다.

이제 111수 시에서 구사한 어휘를 보자.

한문 어휘를 최대로 배제하고 순수한 우리말을 고르고 골라 갈고 닦고, 새로 만들기도[造語] 하여 썼다. 언어의 鍊金術이다. 우리의 일상어를 아름답고 정감 넘치고 감칠맛 나는 詩語로 활용하였다.

얼마나 철저하게 우리말을 부려썼는가[驅使] 하면 제1부와 제3부 합하여 72수 중에서 통틀어 의심, 정신, 동갑, 案頭三尺, 江上, 烽火, 時 등 한문 어휘는 불과 7개뿐이다. 한문 어휘가 아니면 일상 대화나 더욱이 글쓰기가 불가능하다고 생각되었던 1920년대에 거의 우리말만으로 詩作을 했다. 놀라운 일이다. 제2부에서만 대상이 명승고적과 문화유산이라 한문 어휘를 수십 개 썼을 뿐이다. 몇 개 예를 들면 松岳山, 半月城, 五國風塵, 香塵, 黃鷄, 釣魚臺, 風流五百年 같은 어휘들이다.

육당의 시어 자원은 넓고 풍부하다. 옛말을 되살리고, 있는 말을 변형하거나 조합하여 새말을 만들고, 마술사가 마술하듯 붓끝에서 기상천외의 묘한 말들을 빚어냈다.

우선 제1부의 제1제 '궁거워'부터 도대체 이게 무슨 뜻인가? 형용사 '궁금하다'의 부사형 '궁금하여'다. 몇 가지 예를 들어보자.

불으셔라 – 불어나시어라(수가 불어나라인데, 이런 경우 쓰지 않는 존칭 보조어간 '시'를 썼다) // 예의 배 – 왜의 배 곧 일본 배 // 켜묵은 – 겹겹이 오래된 // 불끈한 – 붉게 빛나는 // 운김 – 따뜻한 기운 // 허위고 – 숨차고(허위단심에서 도출) // 님 자채 – 님 때문에 // 언 가슴 – 차고 쓸쓸한 마음 // 맨이 – 맑은 정신(맨 정신의 맨 응용) // 가멸한 이 – 부자(고어 재활용) // 온 즈믄 – 백 천 // 떼봄 – 한꺼번에 무리지어 몰려오는 봄(개나리, 진달래, 목련, 벚꽃... 이 동시에 피는 요즘의 봄이 바로 '떼봄'이다. 80년 전의 절묘한 조어, 놀랍다) // 술 고이니 – 술 익으니 // 덧 있는 – 덧없는 의 반대(참 익살스러운 조어) // 간해 – 거년·작년 // 사리짝 – 사립문 // 야흐림 – 엷게 흐릿함 // 애적 – 당초 // … 한이 없다. 말을 만들고 부수고 세우고 짜서 빚어내기를 꼭 밀가루 반죽 만지듯 하는 거장의 솜씨다.

  이렇게 찾아내고 가리고[擇] 갈아 닦은 어휘로 한자말 하나 없이 이룬 작품의 모습.

"뒤집고 엎질러서 하나밖에 없건마는
온 즈믄 말 가져도 못 그리올 이내 마음
왼이로 바치는밖에 더할 바를 몰라라"
  * 왼이 ; 온전함

  이제 題材와 내용이다. 서문에서 육당은 선언하였다. "시조를 한 문자 유희의 구렁에서 건져내어 엄숙한 사상의 一容器를 만들어 보려고…"라고.

  앞에서도 말했지만 육당의 시조관의 핵심은 예술(혹은 문학)을 위한 시조가 아니라, 사상을 위한 표현 수단이라는 데 있다. 이 시조관을 시종 가장 충실하게 반영한 것이 이 시집에 묶인 111수의 시조다.

먼저 제목부터 '백팔번뇌'다. 식민지 백성 그 중에서도 지식인의 심각한 번뇌다. 철학적. 종교적. 사상적인 끝없는 깊이의 고민이다. 花朝月夕과 春風秋雨의 감흥과는 천양지차다.

육당은 서문에서 "최근 2~3년간 읊은 것 중에서..." 한 것으로 보아 1923~25년쯤의 작품들일 것이다. 이 무렵의 육당은 30대 중반의 석학이었다. 10~20대의 疾風怒濤期를 지나 차분히 조용하게 사색하고 성찰하고 통찰하면서 민족과 나라의 원대한 비전 그리기와 실행에 沒入한 사상가였다.

국토와 겨레와 문화에 대한 예찬과 국권 회복이 중심이 되는 그의 '조선주의 사상'을 온통 쏟아 부은 것이 이 시조집이다. 육당 사상의 結晶體다. 이 점 춘원이 "무척 깊이도 생각해냈다. 굉장히도 힘들여 표현을 하였다. 사뭇 주역이다. 신비주의에 가까우리만큼 생각이 깊다. 애국시인 것도 같고 종교시인 것도 같다."고 평하였다. 바로 육당의 사상과 철학의 면을 지적한 말이다.

한마디로 《백팔번뇌》는 겨레 · 나라 · 문화 사랑의 시다. 때마침 문단에 돌풍을 일으키고 있던 범세계주의 카프로부터 민족문화의 순수성을 지키려는 운동의 일환으로 낸 시집이다.

구체적으로 들여다보자.

제1부 〈동청나무 그늘〉 – 님 때문에 끊긴 애를 읊은 36수, 이렇게 표

제를 붙였다. 얼른 보면 연애시 같다. 그러나 그게 아니다. '동청나무'가 무엇인가? '동청'은 冬靑이다. 즉 겨울에도 푸른 상록수이니 절개를 상징한다. '님'은 주지하는 대로 조국이다. '끊긴 애'는 바로 斷腸이다. 단장의 슬픔으로 잃어버린 조국을 간절히 그리워하는 애국시다. 춘원이 말한 '피 무친 시'다.

〈안겨서〉

님자채 달도 밝고 님으로 해 꽃도 고와

진실로 임 아니면 꿀이 달랴 쑥이 쓰랴

해 떠서 번하옵기로 님 탓인가 하노라

* 님자채 ; 님 때문에   * 번하옵기 ; 밝아옴

제2부 〈구름 지난 자리〉 – 조선 국토 순례의 축문으로 쓴 36수(실은 39수), 이런 표제다. '구름 지난 자리', 얼른 보면 풍류 냄새가 난다. 그런데 아니다. '지금은 남의 땅'이 되어버린 우리 국토 산하에 대한 애끊는 서러움을 피를 쏟아 쓴 축문이다. 바로 그의 사상의 한 축을 이루는 국토 사랑이다. 3천리 강산을 두루 순례하며 조상의 숨결을 느끼고 겨레의 발자취를 살피고 역사 유적을 음미한다. 그리고 무한한 사랑을 담

아 호곡하는 것이다.

〈천왕봉(지리산)에서, 其三〉

어머니 내 어머니 아울수록 큰어머니
따스한 품에 들어 더욱 느낄 깊은 사랑
떠돌아 몸 얼린 일이 새로 뉘쳐집니다
* 아울수록 ; 우러를수록   * 뉘쳐집니다 ; 뉘우쳐집니다

제3부 〈날아드는 잘 새〉 – 案頭三尺에 제가 저를 잊어버리던 36수, 이런 제목이다.

제목에 붙인 주가 시사하듯 석 자 책상머리에서 자기 망각에 빠져 읊은 시라 하였으니 곧 자기 성찰의 시다. 질풍노도기는 지났다. 울분과 흥분과 狂氣의 과거를 잠시 접고 침잠하여 성찰하고 모색하며 내일에 대비하자 함인가?

제3부 서문에서 풀어낸 육당의 육성.

"무엇을 위하여 다리가 찢어지도록 돌아다니고, 혀가 해지도록 아귀다툼 하였으며, 무엇을 위하여 웃고 찡기고 울고 발버둥쳤는가." 운운.

이 대문에서 어쩐지 미당의 "머언 먼 젊음의 뒤안길에서 / 인제는 돌

아와 거울 앞에 선 / 내 누님같이 생긴 꽃이여" 한 시구를 연상하는 것이다. 육당이 뒷날 정체성을 잃은 일에 대한 선입관 때문일까?

이 제3부의 작품들은 얼른 보면 순수 서정시로 자기 몰입 경지를 읊은 것으로 보인다. 그러나 음미해 보면 문자 저 안에 숨겨진 참뜻이 나타난다. 조국 광복에의 待望. 물론 표현 기법이나 措辭 등 예술성이 앞 두 부에 비하여 월등히 높다. 수준 높은 현대시다.

〈혼자 앉아서〉

가만히 오는 비가 낙수 져서 소리하니
오마지 않은 이가 일도 없이 기다려져
열릴 듯 닫힌 문으로 눈이 자주 가더라

마지막으로 수사에 대하여 일언하고자 한다.

그는 비유, 상징, 묘사, 사실 등 온갖 수사법을 모두 활용하여 적재적소에 잘 배치하여 표현 효과를 높였다. 당시엔 아직 표준말 사정(査定)과 맞춤법 통일안이 나오기 전이다. 그래서 오히려 자유롭게 옛말이나 서울의 토속어를 발굴하기도 하고 특유의 조어법으로 새로 말을 만들어 썼다. 그러므로 문체의 개성이 강한 반면에 흐름이 난삽한 폐도 있다.《논어》식 어법으로 말하면 소박하고 어눌한 '木訥'에 해당한다.

춘원이나 노산의 경우처럼 유려한 경쾌미는 없는 대신 吟味 玩素할수록 깊은 맛과 향에 젖어든다. 철학과 사상을 담은 시이면서 생경한 관념어 하나 쓰지 않고 순수한 우리말만으로 형상화에 성공했으니 그 얼마나 고도한 수사법인가. '시조로 표현 못할 것은 없다'는 것이 육당의 지론이었다. 춘원은 '상징주의에 가까우리만큼 그 표현이 괴이하다'고 수사법의 다양성을 칭송하였다.

평안도 江西의 고구려 고분을 찾아 그 벽화를 보고 읊은 시조.

흙속에 깊이 들 제 울며 섧다 했으렷다
드러나 빛나던 것 다 사라져 없는 날에
버린 듯 파묻은 너만 남아 홀로 있고녀

고구려의 찬란했던 역사와 그 흥망의 자취가 고분의 한 점 벽화에 머물러 있는 그 정황이 저리도록 느껴지지 않는가.

3부의 마지막에 〈깨진 벼루의 銘〉이라 題한 시조 한 수.

다 부셔지는 때에 혼자 성키 바랄쏘냐
금이야 갔을망정 벼루는 벼루로다

무른 듯 단단한 속은 알 이 알까 하노라

불과 44자로, 관념어 한자어 하나 없이 순수한 우리말로 조국의 슬픈 운명과 굳건한 겨레의 心志를 형상화해 놓은 이 표현 기법, 神技에 가깝지 않은가.

맺음말

1906년 대한 유학생회보에 〈國風〉이라는 이름으로 시조를 발표한 이래 《少年》·《靑春》誌 등에 연작 형태로 계속 수십 편을 발표하여 시조를 되살려낸 육당은 시조 부흥의 祖라 할 만하다. 시조는 우리 문학의 정화이며 본류라는 그의 인식은 만고불변의 탁견으로 국문학사상 시조의 位相을 견고하게 다지는 데 기여하였다.

1926년에 나온 육당의 시조집 《백팔번뇌》는 우리 시조사상 하나의 획을 긋는 역사적인 산물이다.

육당의 초기 시조에서 그 모태의 하나인 '少年' 발간 100주년을 맞이하여, 그의 문학, 학문, 사상 등이 종합 용해된 《백팔번뇌》를 되돌아보고 조명하는 것도 의의가 있다고 생각되어 본 작업을 한 것이다.

작업하는 과정에서, 다 알고 있었던 것으로 생각했으나 실은 너무도 몰랐던 자괴감을 금할 수 없었다.

그의 시조관이나 시조 창작에 임했던 정신은 오늘날에도 여전히 우리의 지침이 된다.

'시조는 문자의 유희가 아니다'라는 그의 말을 되새겨 이 혼돈의 시대에 문학의, 시조의 당위성에 대하여 깊이 성찰하고 모색할 필요가 있겠다.

2008년 8월

시천(柴川) 유성규(柳聖圭)와 동시조

1. 동시조 불모지

19세기 이전의 우리나라에는 동시(동시조 포함)라는 말 자체가 아예 없었다. 동요라는 말은 있었다. 굳이 말한다면 백제 무왕이 지었다는 〈서동요(薯童謠)〉는 일종의 동요로 볼 수 있을 것이다. 그러나 여기서는 논외로 한다. 원래 우리나라 중국에서 동요라는 말은 작자 미상의, 참위(讖緯)설을 담은 내용의 노래를 아이들에게 가르쳐 부르게 하여 민심을 뒤흔드는 '동요'가 있었다. 오늘날 우리가 쓰는 '동요'와는 개념이 다르다. 예컨대 구한말에 유행했던 '새야 새야 파랑새야 / 녹두밭에 앉지마라 / 녹두꽃이 떨어지면 / 청포장수 울고 간다'나, 고대 중국의 주 선왕(周 宣王) 때 나돌았다는 '달이 떠오르니 / 해는 지려 하네 / 산뽕나무 활과 / 쑥대 화살통이여 / 주나라 망할 날 가깝네' 같은 것들이다. 이런 것들을 '동요'라고 일컬었으나 문학과는 거리가 멀다.

발생 연대는 알 수 없으나 지금 널리 알려져 있는 다음과 같은 아름다운 동요가 있다.

달아달아 밝은 달아

이태백이 놀던 달아

저기저기 저 달 속에

계수나무 박혔으니

옥도끼로 찍어내고

금도끼로 다듬어서

초가삼간 집을 지어

양친부모 모셔다가

천년만년 살고지고

예로부터 우리나라에는 10세 미만의 어린이가 한시를 많이 지었다. 그러나 그 시들을 동시라 부르지 않았다. 어른들 중심의 세상에 동시라고 따로 대접할 여지가 없었다. 그리고 실제 그들은 어린이의 시각에서 어린이다운 생각과 느낌을 나타내는 것이 아니라 완전히 성인의 입장에서 성인과 같은 느낌과 생각을 표현했던 것이다. 곧 '애어른'의 시를 쓴 것이다. 8세 때 지었다는 이율곡의 오언율시 〈화석정〉이 그 좋은 예다. 이런 동시의 불모지에서 동시조는 상상도 못할 일이었다. 이 불모지에 최초로 아동 문학(시, 동화, 동요)의 씨를 뿌린 이가 육당 최남선이었다.

2. 아동문학의 발자취

육당은 1908년, 그가 발행한 우리나라 최초의 종합 월간지《少年》에 〈海에게서 少年에게〉라는 최초의 신체시를 발표했다. 이 때 필자인 육당은 18세 소년이었으니 실은 이 시는 아동~소년시라 볼 수 있다. 더욱이 이《少年》지에는 〈소년문단〉난을 설정하기도 하였으니 아동문학(시조 포함)지의 효시라 할 수 있다. 육당은 또 1913년에《붉은 저고리》,《새별》,《아이들 보이》등의 아동~소년 전문지를 연이어 발간하였다. 이들 잡지에서 동요·동시(시조 포함)를 많이 다루었는데 그 중《아이들 보이》는 아동 전문지로서 아동 소년 상대의 독자 문단 〈글 꼬느기〉를 두고 투고를 받아 첨삭 지도하여 게재하였다.

1922년 아동을 위한 운동 단체인 색동회가 방정환, 마해송 등에 의해 조직되고 이듬해 1923년에 방정환에 의해 아동 전문 잡지《어린이》가 발간되면서 비로소 한국의 아동 문학이 진면목을 발휘하게 되었다. 여기에 발맞추어 윤석중, 윤극영 등의 탁월한 동요 작가가 나와 한국 아동 문학의 수준을 한층 끌어 올렸다. 여기에서 동요·동시의 개념을 짚을 필요가 있겠다. 양자 다 아동을 위한 문학으로 운문이라는 유사성은 있으나 동요는 정형성을 띄고, 동시는 자유시의 경향을 지닌다. 동시조는 최근에 쓰게 된 용어로 아동을 위한 시조인데, 정형성의 면에서는 동요와 유사하나 시의 내용과 표현 형식면에서 자유시(현대시)에 가깝다고 볼 수 있으나 한국 전통의 정형성에서 엄연히 다르다.

오늘날 아동 문학 하면 동화, 동요, 동시, 동시조를 아우른 개념이라 하겠다. 그리고 동시조는 시천의 동시조집 《연필 화났다》의 권두에서 "동시조는 아동 시조의 준말로, 어린이 정서에 맞게 어른들이 짓거나 어린이들이 직접 지은 시조를 일컫는 말"이라고 명확하게 정의하였다.

1926년에 기독교 정신에 입각한 아동 전문지 《아이 생활》이 창간되어 이후 18년간 일제 말기까지 수난기의 아동문학을 대변하며 맥을 이었다. 광복 후엔 미국에서 불어온 아동 중심 교육 사조가 시대정신이 되어 아동문학도 공전의 활황을 이루었다.

육당이 뿌린 아동문학의 씨앗은 이렇듯 성대하게 성장하며 온갖 시대의 고난 속에 수많은 선각들에 의해 도도한 흐름이 되어 오늘에 이른 것이다.

3. 외국의 예

아동에 대한 관심은 동양보다 서양이 앞섰다. 영국에서는 J. 뉴베리가 1713년부터 간행하기 시작한 아동 대상의 시리즈의 일환으로 1751

년에《난쟁이 나라의 잡지 Lilliputian Mazgazine》를 발간하여 아동문학 활동을 벌였다.

미국에서는 1827년에 아동잡지《청소년의 벗 Youth Companion》을 주간으로 발행하여 19세기 말에는 발행 부수가 50만에 이르렀다. 이보다 조금 뒤에《성 니콜라스 Saint Nicholas》가 창간되었다. 두 잡지 모두 제1차 대전 이후 인기가 떨어져《청소년의 벗 Youth Companion》은 1929년《아메리칸 보이 American Boy》(1899년 창간)에 합병되고,《성 니콜라스 Saint Nicholas》는 1939년 폐간되었다. 이 두 잡지에는 저명한 작가, T.오스틴, M.트웨인, J.런던, A.테니슨, H.W.롱펠로, T.하디, W.포크너 등의 작품이 실렸으며 이 잡지를 통해 데뷔한 작가도 있다.

4. 시천과 동시조

육당의 시조 부흥운동과 때를 같이한 동시조 필요론도 있었지만 뚜렷한 움직임이 없었고, 따라서 서구 문명의 유입과 동시에 동요가 일찍 일어난 데 반하여 동시조는 출발이 늦었다. 그것은 1970년 6월 15일 진주문인협회에서 발행한 기리(麒里) 이명길의《어린이 시조 첫걸음》

으로부터 시작된 것이다. 이 무렵 시천 유성규는 이명길과 뜻을 같이해 동시조의 필요성을 역설한 바 있었고, 1998년 10월 13일《알기 쉽게 풀이한 시조 창작법》을 펴내어 동시조 보급에 결정적으로 공헌하였다.

지금까지 성인의 전유물이었던 시조를 아동 세계에까지 눈을 돌려 아동시조라는 새 경지를 개척하는 데 크게 기여했다. 초, 중, 고등학생을 비롯한 전국시조백일장을 오래전부터 연례행사로 실시하여 아동 층에의 시조 보급을 추진해 왔다. 그리하여 전국의 어린이들에게 시조에 대한 관심을 높이고 시조 짓는 붐을 일으켰으며, 전국 아동의 시조 사랑 층을 두텁게 하는데 기여했다. 뿐만 아니라 일찍이 한국시조시인협회 창립(1964)에 주도적 역할을 했던 시천은 마침내 2008년 숙원의 한국아동시조시인협회를 창립하여 조직적인 동시조 확산 운동을 벌이고 있다.

그는 외형적인 운동에 그치지 않고 2009년 10월 25일에《동시조 걸작선》제1집을 발간하고 현재 제2집 준비 중에 있다(2011년 4월 중). 아울러《우리 동시조》창간호 발간도 2011년 5월 예정으로 서두르고 있다. 또한 시천은 본인 스스로 동시조 창작에 정진하여 개인 동시조 집인《연필 화났다》(2009. 10. 26. 글로연)와《코코질 냄새》(2009. 10. 26. 글로연)를 내놓았다. 이로써 열렬한 동시조 사랑과 뛰어난 예술성을 통해 사계의 관심을 불러일으켜 동시조 창작의 활성화를 기한 것이다.

그의 동시조 활성화운동도 경이로운 일이거니와 동시조 또한 그의 일반 시조와 마찬가지로 찬연히 빼어나 동시조의 최고봉에 위치한다고 여겨진다.

이제 그의 작품을 언급코자 한다.

앞에서 말한 대로 시천은 두 권의 동시조집을 냈는데《연필 화났다》에는 1부 21편, 2부 39편, 3부 40편 모두 100편이 수록되어 있다.《코코질 냄새》에는 1부 18편, 2부 22편, 3부 15편, 4부 17편 합하여 72편이 올라 있다. 두 권에 총 172편이 담겨 있다. 종전의 동시조까지 합하면 2백 수십 편이 되지만 여기서는 이 두 권의 책에 수록되어 있는 작품들을 중심으로 몇 개의 주제별로 나누어 살펴보기로 한다.

* 우주관 – 걱정마(연, p25), 깡충깡충 뛰어라(연, p42), 하느님(코, p130), 놀이터의 하루(연, p76), 하늘에 살자(연, p84)
* 모성애 – 아까워 어떻게 버려(코, p136), 첫 경험(코, p138)
* 자연찬미 – 새봄 스케치(연, p16), 금붕어(연, p29), 새봄의 식탁(연, p54), 개구리 퐁당(연, p60), 저녁노을(연, p128), 누가 또 오시려나(코, p122)

* 희망 – 내가 살 꽃마을(연, p92), 짝꿍과 단둘이서(연, p102), 모두다 네 꺼야(코, p14), 엄마 마음 알겠니(코, p14)
* 인간미 – 늦추위(연, p109), 너의 별(코, p124)
* 사회성 – 누가 누가 잘하나(연, p14)
* 천진성 – 거울 속엔(코, p134), 냠냠냠(코, p154)
* 국가관 – 대한의 어린이야(코, 152)
* 아동심리 – 놀이터(연, p110), 꿈나라(연, p129), 참 이상해(코, p40), 우리 엄만 이상해(연, p32), 엄마 미워(연, p65), 연필 화났다(연, p80), 내 인형(연, p106)
* 가족애 – 누나의 편지(연, p50), 우리 식구(연, p51), 눈물이 핑도네(연, p57), 내 동생(연, p59), 엄마의 장보기(연, p67), 줄방귀 (연, p120), 하얀 지붕밑(연, p130), 옛날 얘기 해주랴(코, p112), 코코질(코, p132)
* 가치관 – 속상해요(연, p13), 보따리(연, p21), 한국의 어린이는(연, p90), 안경(연, p108), 네가 왕이로구나(코, p12)
* 오락성 – 놀이터의 하루(연, p76)

다시 몇 작품을 상세히 살펴보기로 한다.

너희는 진주로구나
불끈 솟는 태양이로구나

뽀얀 웃음 네 앞에서
내가 홀딱 반했구나

아가야
하늘 땅을 보아라
이게 모두 네 거란다

〈한국의 어린이는〉

우리 어린이들을 가장 귀하고 순수한 '진주'라고 부르면서 '불끈 솟는 태양'이라고 찬양했다. 그리고 하늘과 땅이 모두 어린이들의 것이니 거칠 것 없이 자라나 불끈 솟아오르기를 희망하고 기대하였다. 어린이들에게 원대한 꿈과 도약과 가슴 뛰는 메시지를 전하는 작품이다.

하늘 바다 딱 붙어서
그게 걱정이라구?

고깃배가 어떻게

들락날락 하냐구?

그거야 울면 되잖아

문을 열어 달라구

〈걱정 마〉

하늘과 물이 맞닿은 수평선 끝. 그럼에도 문제없이 배가 다니는 그 신비한 현상. 어린이다운 의문을 제기하여 천체 운행의 비밀을 암시한다. 자연의 현상에 눈을 돌리고 생각게 하는 작품이다. 그러면서도 해결방법은 울면 된다고 하는 동심 세계의 순수함으로 읽는 이의 미소를 머금게 한다. 이것이 아동 문학의 본령이다.

엄마의 손등에선

고소한 냄새 나고

우리 아가 콧등에선

코코질 냄새난다

이 냄새

땅에 뿌리면

무슨 꽃이 필까요

〈우리 식구〉

초등학교 국정교과서에 실린 작품이다.

인스턴트식품이 아닌, 엄마가 정성스레 음식을 만들어 주는 가정, 가족들이 둘러앉아 아가의 콧등에 코 부비고 아가의 냄새를 맡고 함께 웃고 함께 기뻐하며 단란하게 살아가는 가정이 눈에 선하다. 이렇게 자란 어린이는 가족의 소중함을 알고 정신이 건강한 사람으로 성장하게 될 것이다. 가정과 가족 부재의 이 시대에 참다운 가족의 의미를 되돌아보게 하는 작품이다.

늦잠자다 허둥대고

준비물을 잊고 왔네

집에 가서 찾아올까

벌청소를 하고말까

엄마가 달려오신다

눈물이 핑 도네

〈눈물이 핑 도네〉

어른에게는 지극히 사소한 일이지만, 어린이에게는 학교 준비물을 잊고 등교한 건 대단한 사건이다. 선생님께 야단맞을 걱정에 어린 마음을 두근거리며 어찌할 바를 모르고 있을 때 엄마가 준비물을 들고 허둥지둥 달려오신 것이다. 엄마의 고마움을 절실하게 느끼는 순간이다.

"얘, 임마 아파 죽겠다

넌 왜 자꾸 내 살 깎니?"

"숙제를 해 가야지

그럼 어떻게 해"

"알았어 졸기만 해 봐

콕콕 찔러 줄 거야"

〈연필 화났다〉

연필과 어린이의 대화. 참 재미있는 구도다. 뛰어난 비유다. 일상의 평범한, 어린이의 연필 깎기에서도 동심의 기미를 포착하여 이렇게 유머와 위트를 자아낸 것이다. 그러면서도 은근히 어린이에게 공부 열심히 하라는 메시지를 전하고 있다.

손톱 밑에 때 낄까봐
제가 제 살 할큄까봐

엄마가 정성스레
아가 손톱 깎습니다

그 엄마
깎은 손톱을
빤히 쳐다봅니다

〈아까워 어떻게 버려〉

시천은 그의 섬세한 감성으로 모정을, 모성애를 또 이런 시각으로 보고 담담하게 그러나 절실하게 표현했다. 예로부터 손톱과 머리카락은 육체의 상징으로 여겨온 우리의 전통적인 관념이 저변에 깔려있다. 아기의 손톱을 잘라내는 엄마의 정겨운 아픈 마음(사랑의 극한)을 또 이렇게도 표출할 수 있는 것인가.

　코코질 냄새난다
　살이 오른 아가볼

　촉촉한 지린내와
　살이 오른 볼기짝

　엄마의 뽀뽀 소리가
　아가 귀로 들어간다
〈코코질 냄새〉

　정말 '촉촉한' 찐한 모성애를 잘 드러냈다. 시천에게서 보기 드문, 후각·시각·청각·촉각을 다 동원한 감성적인 작품이다. 사랑은 지적·이성적인 것이 아니라 감성의 영역이니까. 이 작품이 그려놓은 정황이면 촉촉한 지린내도 향기로울 것이다. '아가'에 대한 사실적인 묘사가 감각적이어서 손에 만져질 듯한 느낌이다. 특히 종장의 '엄마의 뽀뽀 소리가 아가 귀로 들어간다'는 가슴에서 가슴으로 전해지는 엄마와 아가의 사랑이 기가 막히게 잘 표현되어 있다.

풍덩 해 떨어졌다
보글보글 끓는 바다

미루나무 끝가지에
노을 한 쪽 걸렸다

시집 간
누나가 띄운
그림엽서 같구나

〈저녁노을〉

    역시 시천 답다. 석양의 황홀한 자연미에 해와 함께 풍덩 빠져들고 사라져 간 하루의 아쉬운 여운을 미루나무 끝가지에 걸린 노을로 시각화한 절묘한 필치다. 여기서 시천의 붓끝은 삽시간에 대전환을 하여 노을은 누나의 그림엽서로 이미지가 이어진다. 한 폭의 그림이다. 이 시를 읽은 사람은 누구나 노을을 볼 때마다 이 시를 떠올리며 대자연의 찰나적인 변화와 그 아름다움, 그리고 떨어져 사는 가족에 대한 그리움을 생각할 것이다.

　시천의 동시조는 시야가 멀고 넓어 제재의 대상이 광범하고 다양하다. 그리고 천(千)의 눈과 만(萬)의 마음으로 관찰하고 생각한다. 크게는 우주, 천지, 자연, 국가, 사회 문제로부터 작게는 가치관, 가족 관계, 인간성, 아동 심리, 공부, 놀이, 교양, 오락문제 등 널리 망라되어 있다. 이 광범하고 복잡다기한 대상들을 맑고 밝고 투명한 영성과 천진무구한 심성으로 비추어 어린이의 말로 형상하여 빚어내는 것이다.
　아무리 대가라 하지만, 동심으로 돌아가 상상적 체험을 통해 어린이로서의 생각과 정서를 어린이의 말로써 창작하기란 어렵고 힘든 일인데, 이 방대한 양이 우선 놀랍다. 80대 거장의 창작욕과 필력이 여전히 왕성함을 보여 준다. 이는 후진에 대한 무언의 채찍질이기도 하다. 비록 어린이를 위한 어린이 세계의 시조이지만, 우선 총론적으로 172편의 시조에 일관된 정신적 기조(基調)는 역시 시천이 평생 견지해 온 신앙과도 같은 시조관이다. 그것은 《연필 화났다》의 서문 '책머리에' 중에 극명하게 드러나 있다. 이로써 시천의 동시조의 성향을 감지할 수 있다.
　"… 시조는 약 천 년 전부터 우리 민족이 지어오던 독특한 한국의 전통문화이자 한민족의 얼과 넋이 스민 민족시입니다. 시조가 시의 일종이니 당연히 아름답겠지만 우리 고유의 것이기에 더욱 친근감이 가는 것이지요. 한글이 한국의 심장이라면, 시조는 한국문화의 꽃이라고 할 수 있습니다."

   시천의 아동시조에 대한 지극한 사랑은 그가 평생 가슴에 새기며 살아온 '전 민족의 시조생활화'와 맞닿아 있다. 그는 시조를 가르치고 알리는 현장으로 어린이들이 있는 초등학교가 가장 적합하다고 생각한다. 어릴 때부터 시조를 읽고 지으며 자라온 어린이들은 아름다운 심성의 건강한 어린이로 자라며, 성인이 되어서도 시조를 사랑하게 되므로 전민족의 시조생활화에 가장 좋은 첩경이라는 것이 시천의 지론이다. 이것이 확대될 때 지금 시천이 추진하고 있는 세계전통시인협회와 그 맥이 이어진다.
   아동시조 → 전민족시조생활화 → 세계전통시인협회로 이어져 시조를 통해 우리 문화의 위대성을 외국에 알리고, 외국의 문화도 받아들이는 문화교류가 되는 것이다. 이것이 시천의 원대한 소망이다. 시천에게 있어 아동시조는 그 원대한 소망의 첫걸음이다.
   그래서 시천은 어느 시집보다도 애정과 심혈을 기울여 두 권의 동시조집을 발간한 것이라 생각된다.
   시천의 아동시조에 대하여 전원범 교수가 쓴 글 중의 일부를 인용하며 본고를 마칠까한다.

"…동심으로 돌아가고, 동심으로 관찰하며, 어린이의 말을 사용하고, 나아가서 어린이에 맞는 주제를 담아야만 동시조가 되는 것이다. …유성규 시인의 동시조는 이러한 동시조 자체의 본질에 충실해 있음을 볼 수 있다. 그런 면에서 유성규시인의 동시조 작품은 매우 시사하는 바가 크다 하겠다. 동시조 문학의 본질적 특성을 제대로 인식하면서 쓰여지고 있는 유성규 시인의 시적 특성은, 미세한 것에까지 기울이는 사랑, 활달한 상상을 통한 새로운 발견, 참 감정에서 쓰여지는 진실된 작시 태도, 삶이 담긴 소재 등을 들 수 있겠다."

2011년 5월

이런 날 이석규 시인의 시를 읽는다

　사는 일이 피곤하거나 사람과의 관계가 외로워질 때 생각이 헝클어져 복잡할 때 또는 조금씩 슬퍼질 때 나는 이석규 교수의 시를 읽는다. 그의 시를 읽으면 아름다운 전시회를 다녀온 뒤의 감동 같은 것이 느껴지고 사물에 대한 따뜻함과 조금씩 조금씩 사는 일이 행복해지고 유순해지는 느낌이 들기 때문이다.

　그의 시에는 어린 시절의 추억이 있고 고향에 대한 향수가 있다. 삶의 질곡을 옹이로 만들어 간직하기보다는 긍정으로 여과하고 감사로 승화한다. 그의 시 한 편은 한 점의 그림이다. 짙은 유화보다는 투명한 수채화를 보는 느낌이다. 그의 시 한 편마다 그림 한 점씩을 마음속으로 그려놓고 혼자 즐거워하는 작업을 나는 좋아한다.

　이 교수의 시를 애독하는 독자의 입장에서, 영광스럽게도 나는 이번에 새로 펴낼 그의 시집 원고를 미리 볼 수 있는 분외의 행운을 누리게 되었다. 감히 이 교수의 시를 평할 자격도 처지도 아니지만, 애독자의 입장에서 소박하게 나의 느낀 바를 써볼까 한다.

　그의 시는 소재(素材)가 매우 다양하다. 산, 강, 풀, 나무, 새, 짐승, 계절, 인사(人事), 우주(宇宙), 자연의 섭리 등 참으로 광범위하다. 또

한 풍부한 인문적 교양의 밑받침으로 작품의 무게를 더하고 있다. 문명 비평적 안목과 민족 정서, 역사의식, 현실 인식이 곳곳에 스며있다. 그리고 생에 대한 긍정이 작품의 주류를 이루고 있으며, 신앙을 바탕으로 한 건강한 삶을 추구하고 있다.

거기다 섬세한 감성, 명상, 관조, 신앙 등 다양한 내면세계를 절제된 언어로 표출하고 있으며 때로는 격렬하게 분출하기도 한다. 이와 같이 광범하고 다양한 제재를 다룸에 있어, 표현 기법 또한 참신하고 다채롭고 능란하여 독자를 사로잡는다.

그의 시에는 군데군데 화사하고 현란한 표현이 눈에 띈다. 그러나 그런 표현이 사치스럽게 느껴지는 것이 아니라 신록처럼 싱그러운 감동을 안겨준다. 시집의 제목으로 쓰인 《아날로그의 오월》이 바로 그 절정을 이루고 있다.

"백마탄 오월이 월계관을 쓰고 사과 같은 뺨으로 활짝 웃으면…"

시조의 절제된 음수율에도 불구하고 이와 같이 분방하고 자유롭고 모던한 표현을 할 수 있다는 것이 놀랍다. 이 시의 분위기는 나에게 박두진의 〈해〉를 연상케 한다.

이 시인은 외래어를 적소(適所)에 알맞게 구사하여 현대적 감각, 모던

한 이미지를 산뜻하게 전달하는가 하면 생경한 일상어도 훌륭한 시어로 구사하는 능력이 뛰어나다.

"영혼의 또 다른 방을 / 모처럼 클릭하니"
〈눈 이미지 1〉

"새떼처럼 모여드는 아날로그의 입자들..."
〈아날로그의 오월〉

"모든 것 / 이를테면 / ... / 그리고 / 예를 들면..."
〈꿈, 그리고 바다〉

그의 모든 시가 다 훌륭하지만 풍부하고도 적절한 메타포로 눈길을 사로잡는 표현 몇 구절을 짚어본다.

"어린 싹 물 긷는 소리"
〈봄비〉

"연두빛 그리움에 / 아이 밴 버드나무"
〈봄날 그리고 물〉

"봄날에 / 촛불 켜드는 / 자살 같은 순수여"

〈목련꽃〉

"치마폭 / 뒤집어쓰고 / 뛰어들고 싶어라"

〈꿈, 그리고 바다〉

"햇살은 / 억새꽃 위에서 / 오한(惡寒)을 앓는다"

〈가을, 이미지 2〉

"사과나무 빈 가지에 / 햇살이 알을 까고"

〈시작하는 계절에〉

또 하나의 관심을 끄는 대목은 철학적인 제재, 민족 정서, 역사의식, 현실 인식 등 무겁고 어려운 문제들을 단순하고 쉬운 언어들로 형상화했다는 것이다. 그런가하면 그의 음향의 시각화라는 참신한 기법도 구사하고 있다.

"때로 땅거미질 때
 능선은 능선과 손을 잡고

밤은 밤에게 낮은 낮에게

별의 노래 전하고

따뜻한 가슴들이 모여

시내 되어 흐른다"

〈一始無始一〉

"둥글둥글 둥근 마음

둥그렇게 모여 앉아

아리랑

한 항아리에

절로 도는 상모(象毛) 꼬리"

〈느티나무 아래서〉

"메밀밭

꿈길 위로 독수리가 맴을 돈다

어머니 여윈 젖가슴

물방아간에 잠들고

대궁에

붉게 스미는

역사의 신음소리"

〈메밀밭 이미지〉

"꽃잎이 흩어진다

20세기 모서리에

검은 이슬도 달을 품는가

배불러도 가난한 밤

메밀 밭

허연 밭머리엔

아빠가 자른 손가락 하나"

〈메밀밭 이미지〉

"달마저 둥글게 뜨면

하얀 울음

강이 흐른다"

〈나는 왜 여기 있는가〉

    잔잔한 감동으로 그의 시를 읽어오던 나는 '서울 '99'와 '지구가 운다'에 이르러 신랄한 문명비평과 자연 파괴에 대한 고발, 그 절규에 전율

한다. 일상적인 평범한 언어를 가지고도 이렇듯 강한 감동을 불러일으킬 수 있는 것인가?

"에덴의 배암은
시험관에 알을 깐다"

〈서울 '99〉

"수탉이 울지 않아
귀뚜라미가 울지 않아
지금은 지구가 대신 운다"

〈지구가 운다〉

마지막으로 〈겨울 가로수〉를 보자.

"여름에 본 청산의
그런 욕망 걷어내고
다가오는 하늘 아래
오연하게 여윈 어깨
이 겨울 손에 손 잡고

좌절 위에 서 있다

...

시린 손 모두오고

가지마다 눈을 감다

널 두고 가난한 하늘이라

말할 수도 있을까?"

〈겨울 가로수〉

이는 어쩌면 현재 우리의 삶의 모습이기도 하다. 그러나 나는 이 작품에서, 앞에 언급한 《아날로그의 오월》과는 대조적으로 고담(高談)하고 표일(飄逸)한 선비의 풍모를 느낀다. 추사(秋史)의 '세한도(歲寒圖)'가 연상됨은 나만의 느낌일까.

'배불러도 가난한' 현대인들에게 이석규 시인의 시야말로 정신을 배부르게 하고 사람을 사람답게 살게 하며, 미움이나 원망보다는 용서와 너그러움을 주는 치유제 역할을 충분히 한다고 나는 생각한다.

하여, 이 시인의 시를 읽을 수 있는 우리는 얼마나 행복한가.

언제쯤 새로운 또 하나의 시집을 대할 수 있을까를 기대하면서...

2001년

IV

삼소회편

이기선
권정숙
김기자
임선화
한동철
유재홍
성보용
권혁범
이은순
권용인

이기선

충남 서산 출생, 정치학 박사, 한국외국어대학교 초빙교수, 《시조생활》지 편집국장, 세계전통시인협회 회원, 시조생활사 신인문학상 수상, 세계전통시인협회 작품상 수상, 시조집 《파리, 날아가다》 출간

초승달

전어를 먹다가 가시가 목에 걸렸다

칵! 하고 내뱉으니 창문을 뚫고 날아가
저물녘 하늘에 박혔다
구름에 피가 스민다

오래된 집

햇빛이 무거워 내려앉은 기와지붕
바람이 심은 풀은 고랑 고랑 자란다
처마를 떠받친 막대기
힘에 겨워 휘었고

안마당 차양까지 차오른 묵은 적막
바람이 찢어놓은 담 틈새로 흘러내린다
그 집엔 등 굽은 할머니가
고양이와 살고 있다

기다리며

늦잠을 잤겠지
버스가 밀리겠지
우연히 옛 친구 만나 수다 떨고 있겠지
문 밖에 다가오는 이
그대겠지
그대겠지

어머니의 가방

십여 년째 쥐들만 사는 고향집 다락방에
먼지를 뒤집어 쓴 짝퉁 루이비통
어머니 서울 오실 때
옷, 멀미약 넣던 가방

몰래 손주 손에 쥐어 주던 꼬깃돈
아버지 색 바랜 사진도 게 있었지
지금은 무에 들었을까
차마 열지 못하네

표지석

매국노에 칼을 겨눈 한 청년의 의기는
차가운 빗돌로 한길 가에 남아서
노숙자 술상이나 되었다
등받이나 되었다

못

나는 정수리가 으깨져도 좋으리
그대의 향기 배인 옷
걸칠 수만 있다면
어여쁜 그대 얼굴 비추는
거울을 매달 수 있다면

이[齒]를 악물고 있는 완고한 시멘트 벽
그 거친 저항을 깨려는 망치질로
마침내 동강이 난다해도
두려워 하지 않으리

노을에 비낀 우체통

몇 해만에 잠시 들른 자식을 떠나보낸
홀어미 눈빛으로 우두커니 서있다

붉은 색, 그 외로움 위에
노을이 덧칠 한다

야근

유모차 너머로 빤히 뵈는 정류장
보채는 아이를 토닥여 잠재우며
버스가 들어설 때마다
가녀린 목 늘인다

지친 자동차들 어둠을 몰고 올 쯤
짧은 전화 한 통화 시름없이 접더니
여자는 흐린 골목길로
그림자를 끌고 간다

로드 킬

산허리 찻길에 한 짐승의 핏자국

이곳은 태초부터 그들의 길이었다고
세상을 향해 외치는
소리 없는 절규

권정숙

경기 양평 출생, 《시조생활》지 편집기자, 세계전통시인협회 회원, 한국아동시조시인협회 회원, 시조생활사 신인문학상 수상, 고전한문 강사

유월

물가에 창포꽃이
하릴없이 조을고
흰나비 날갯짓이
눈앞에 나른하다

푸른 숨
내뿜는 유월
시간도 느릿느릿

바로 지금

열매를 다 털린 대추나무
가지에

참새떼 찾아와서
뭐라 뭐라 지즐댄다

인생의
한창인 때는
바로 지금, 이라고

그녀가

8만 원만 꾸어주면 좋겠다고 했었다
남산만한 배 내밀며 노랗게 웃었지
혼자서 아이 낳다가 세상 떠난 그녀가

삼십 년 삼십 년도 더 지난 옛이야기
꿈속에 찾아와서 한숨 쉬고 가더니
소쩍새 우는 봄밤에 진달래꽃 피고 있다

여름 화원花園

제 몸의 열 배만한
죽은 지렁이를
악물고 끌고 가는
까만 개미 한 마리
한낮의
땡볕에서는
꽃들도 숨죽이고

힘겹게 물고 가다
버려두다 가버리다
어느새 되돌아와
그 앞에 다시 선다
한여름
꽃밭에서 나,
까닭 없이 눈물 나

봄의 단상

인사동 경인미술관 숨어있는 안마당
나지막한 기와지붕 담벼락에 기대어
샛노란 산수유꽃이 봄볕에 졸고 있고

멍석만한 하늘 아래 젖빛 목련 봉우리
눈 감고 도란도란 새소리 듣고 있다
그 옆엔 소식 없어도 좋을 기다림이 자라고

너의 부재不在

썰물로 드러나는 바닷길이 있듯이

바람도 외로워서
허공에 길 내듯이

오래된
너의 부재不在가

내 가슴에 길을 낸다

하얀 코스모스

말하자면 그대는 가을의 정맥이다
살얼음 에이듯이 투명하게 피어난
하이얀 코스모스꽃 실핏줄이 돋았다

망명자의 고독 같은 슬픈 자화상
초록의 여린 줄기 바람에 흔들려도
가늘은 모가지 위로 피어올린 하얀 미소

겨울산

비울수록
커가는
겨울산의 여백은

가지가
잎 떨구자
허공에 금이 갔다

햇빛이
실금에 걸려
나비처럼 파닥인다

꿈을 소환하다

계절의 질주는 상강霜降을 향해 가고

천지가 쓸쓸해져
숲들도 야위고

마침내
소환당한 꿈들이
하나 둘... 호명된다

김기자

충남 예산 출생. 세계전통시인협회 회원, 한국아동시조시인협회 회원, 시조생활사 신인문학상 수상, 전통문화연구회 회원, 현재 서당 운영

벗꽃

겨우내 꿈을 꾸며
잠자던 그리움

고향집 봄 뜨락에
하늘 가득 피었다

마당을
덮고도 남아
우물까지 수 놓았네

가을

귀뚜라미 소리로
가을은 오나보다

마당 끝 살비아꽃
몸짓이 외롭고

낮달은
하늘에 걸려
파란 물이 들고 있다

농부의 기도

가슴이 타는 농부 하늘만 쳐다본다
다랑논 논배미도 쫘악 쫙 금이 가고
파랗게 질린 하늘엔 구름씨앗 한 톨 없다

모종한 고추포기 허리가 굽어 있고
고랑 사이 지렁이도 시체로 말라있다
하늘이 설마 버리랴, 절망 넘어 저 긍정!

첫 눈

겨울의 여백으로
첫눈이 내린다

잊었던 그리움이
눈꽃으로 피어나고

철없던
마음 한 자락
공원 벤치에 두고 온 날

검정 고무신

삽다리 장날이다 콩콩 뛰는 새가슴
돈이 될 과일 채소 계란에다 우시장까지
이 자리 아버지의 아버지들 살다가 가셨겠네

장날엔 내 신발 사 주마 하시더니
아버지 손으로 신발 문수 한 뼘이다
꽃 무늬 고운 고무신 얼마나 기다렸나

해는 중천 나는 벌써 고갯마루 올라 있고
땅거미 질 무렵에 아버지와 기적소리
아쿠야, 장꾸러미엔 검정색 고무신

사모곡

추녀 끝 둥지 틀고
온몸으로 살던 제비

봄 여름 다 지나가고
가을노래 들리던 날

빈 둥지
온기만 남긴 채
먼 여정을 떠났다

여름의 잉태孕胎

봄 햇살이 놀다 간
여리디 여린 잎새

산새들 잠든 사이
여름을 잉태했다

비갠 후
초록빛 열매
가지마다 달렸네

고향집

빈 둥지로 남았네
나 살던 토담집

대문도 닫아둔 채
한나절 졸고 있다

옛 추억
처마 밑에서
고드름으로 열렸고

들꽃

불 같은 정열 또한
꿈도 꿔 보았지만

하늘이 넉넉한
이 자리가 좋았다

외로운
바람 불 때면
서로에게 흔들리고

임선화

서울 출생, Creative Technique 수료, Cadari London Ltd. 설립(Fashion 무역), Uckfield Community 오케스트라단 설립, Withyham Church Choir 회원, Withyham Art Society 회원, 세계전통시인협회 회원, 시조생활사 신인문학상 수상, 제4회 해외부문 시 천문학상 수상, 영국 거주

작은 꽃 아주 작은 꽃
– 영국 Ash down 숲에서

코가 땅에 닿을 듯이 찾아야만 보이는
숨어있는 작은 꽃 아주 작은 얼굴이
살포시 날 바라보며 실눈 웃음 띄우네

풀잎 속에 숨어서 강풍을 피해낸 뒤
찬란한 해님 향해 입술을 쏙 내밀곤
여기요 여기 있어요 내 코에 속삭인다

Sussex*의 꽃바다

그윽한 향기로움 나의 마음 채우며
살랑이는 찬란함 꽃바다로 흐르네
홀연히 나의 온 몸을 그 위에 띄우리라

두 눈 꼬옥 감은 채 깊은 꿈 빠져갈 때
나비 한 쌍 한가로이 나의 얼굴 스치며
따스한 금빛 햇줄기 살포시 내려 앉네

* Sussex : 런던에서 한 시간 거리에 있으며, 옛날 왕족들이 사냥을 하기도 한 아름다운 지방으로 영국의 정원이라 불리는 곳이다

씨앗 받기

서늘한 가을바람
꽃잎을 불어내며

무더위가 남겨 논
씨앗 보 제껴본다

새 생명
그려보면서
발걸음 내딛는다

혼자인 줄 알았네

혼자인 줄 알고는 문을 꼬옥 닫았지
붓을 드니 어느새 님의 노래 흘러난다
돌멩이 굳은 자리도 녹아나고 말겠네

혼잔 줄 알고는 꼬옥 눈 감았는데
두드리는 바람 소리 설레는 이 마음
하늘엔 구름 한 쪽이 둥둥 떠간다

출애굽 EXODUS

우렁찬 소리 있어 박차고 일어났지

불기둥 구름기둥 만나 찾아 헤맬 때

따스한 소리 내게 들려 함께 걷자 하신다

추 억

흰 눈 속에 포근히
쌓여있던 초가집
숯냄새 군밤냄새
화로 가득 맴돌며
울 할미
함박웃음은
초가집을 채운다

뽀드득 뽀드드득
깔깔대던 발자국들
미지의 세상으로
멀어져 갔다 해도
울 할미
따스한 초롱불은
내 맘 속을 비친다

길

아장대며 걷던 길
좋알대던 고무신

뽐내던 하이힐도
헐어진 정든 신도

나 이제 다 내려놓고서
하늘문을 열리라

아낙네들의 수다

덜컹덜컹 버스 속
왁자지껄 아낙네

열 효자 있다한들 악처 하날 당하리

그럼요 그렇고 말고요
왁자지껄 덜커덩

지팡이

그리움을 찾아서 절룩절룩 내가 간다

안개 속에 있을까 저 산 너머 있을까

지팡이 가자는 대로 절룩절룩 내가 간다

한동철

충남 당진 출생, (주)아영산업 대표이사, 한국 전통색(섬유) 개발 제작(한국 현대미술관 의뢰 건), 한국섬유표준색도감 2,500색 개발 제작(한국 표준인증), 신지식인 인증(2005년) (행정자치부), 세계전통시인협회 회원, 시조생활사 신인문학상 수상

봄의 손길

새싹은 봄바람의
볼우물 눌러보고

새잎들 한 잎 두 잎
사다리 놓을 즘에

송화분
들숨 따라와
언 마음을 녹여준다

자연은

저마다 다른 색깔 각자 내음 가졌지만

서로가 방해 않고 작은 자리 나눠쓴다

비바람 같이 맞으며 욕심 없이 어우른다

이름이 걸레

열 번을 빨고 삶고
모양도 갖췄지만

이름이 걸레라서
식탁 위는 어림 없다

그래서 바보라 한다
쓴웃음을 짓는다

산책길

맞아주는 그 사람이 없은들 어떠하랴
가만히 잠시 안아 달래주는 바람 함께
내 눈길 피하지 않는 자연이면 족하다

덤불 속 여린 칡잎 아기 살결 솜털 위에
추워하는 물방울들 누구의 눈물인가
눈길로 보듬어주다 마음 아파 자리 뜬다

우리 사이

아주까리 개똥참외
주렁주렁 달렸지만

덤불로 가로막혀
손만 잡은 우리 사이

서로가 마음 알지만
지금은 여기까지

술

너 안에 무슨 힘이 나의 아픔 녹여내나
부서지는 까만 가슴 절규의 몸부림도
황홀한 너의 입맞춤으로 환희와 손잡는다

너에겐 무너진다 밀쳐낼 수 없는 힘에
겉치레 모두 벗고 알몸으로 부딪치면
뜨거운 눈물 한 줄기 목을 타고 넘는다

눈맞춤

스치듯 잠깐 동안 주고받은 눈맞춤에
밤새워 못 쓴 사연 마음껏 눌러 담아
들킬까 미소로 가리며 마음 실어 보낸다

강렬했던 눈빛 나눔 긴 여운 머금은 채
주머니 속 조약돌을 널 그리며 만져본다
가슴 속 단지 묻어서 세월 익혀 고백하리

빈 둥지

어느 새 여기까지
아쉬움과 그리움들

소중한 아픈 기억
지난날을 더듬는다

적막이
공간을 채운다
공간들이 커간다

괜찮은 사람

빈 것 같다 여겨지면 꽉 차있어 흐뭇하고
꽉 찬 듯해 바라보면 어딘가 비어있는
당신은 괜찮은 사람 내가 원한 그 사람

유재홍

충남 보령 출생, 세계전통시인협회 회원, 한국문인협회 회원, 한국시조시인협회 회원, 한국아동시조시인협회 회원, 시조생활사 신인문학상 수상

인사동 하늘

화방이 여기 있네
빌딩 사이 그림 한 점

바람이 희롱하는
파란 하늘 흰 구름

투명한
유리병에다
집어넣고 싶어라

겨울 바다

사람은 떠나가고 정만 남은 저 바다
햇살도 힘에 겨워 바위에서 쉬고 있네
노을 진 이랑이랑마다 흔들리는 얼굴이여

청람빛 하늘에 하나 둘 별이 뜬다
오열하는 파도 앞에 무슨 말을 더하랴
별빛이 내린 모래톱 바람이 울고 가네

아카시아꽃

숨어있던 꽃송이가
달빛에 흔들린 밤

묻어둔 사연들이
향기로 내린다

지그시 눈을 감는다
달은 서천을 넘고

쌍도雙島의 낙조落照

손 벌리면 안길 듯 다가오는 두 아기섬
할아버지 미소와 내 유년이 있는 곳
하루해 마지막 물결 노을이 타고 있다

결 고운 모래 위엔 어릴 적 내 발자국
멀리서 부르는 어머니의 목소리
조상의 유택幽宅들 위로 세월이 내리고 내리고

5일장

사람냄새 물씬 난다
정이 도는 시골장

오가는 이들도
모두 다 이웃사촌

돈보다
사람이 좋아라
탁주 한 잔 좋아라

서낭당

고목나무 가지 끝에 매달린 오색 사연
돌 하나 얹어 놓고 소원 빌던 그 자리
구겨져 아픈 마음을 내려놓고 갑니다

손 모아 빌던 자리 모두 다 떠난 자리
길손 드문 골짜기에 추억만 남아있네
무너진 수많은 사연 어느 별에 잠자나

겨울 산장

가지 끝 눈꽃 질라, 바람아 쉬어가렴
낮은 음 노래하는 계곡물 차가워라
낙엽이 구르는 소리 그 님이 오는 소리

눈 오는 겨울산장 더해가는 외로움
멈춰버린 시간 두고 나그네 떠나가네
봄 햇살 탐하는 가지 그 위에 노을이 지네

간이역

오가는 사람 없어
기차는 그냥 간다

보는 이 없는 데도
이정표 선명하네

바람결
코스모스가
고개 숙여 아는 체

휴전선 DMZ

6월의 진한 햇살 푸르름은 더해가고
지나간 세월 속에 고요만 남았네
젊음이
산화한 자리
비목조차 흔적 없네

포성이 멈춘 자리 이름 모를 야생화
피지 못한 젊은 영혼 꽃잎 되어 왔는가
저만치
가버린 세월
향기 되어 다가선다

성보용

강원 춘천 출생, 정치학 박사, 경기대 · 경희대 교수 역임, 중국 공자문화학원 명예교수, 세계전통시인협회 회원, 한국문인협회 회원, 한국시조시인협회 회원, 한국아동시조시인협회 회원, 시조생활사 신인문학상 수상

몰입

꽃 위에 앉은 나비
저 몰입을 보아라

바람도 숨을 멈춘
이 절대 고요 앞에

천지를
돌리고 있는
작디작은 날갯짓

수수를 심어 놓고

묵정밭 깊게 파서
수수를 심어놓고

밭두렁 베고 누워
깊은 잠에 빠져들다

하늘에 가득한 수수
그 사이로 나비 날고

작은 공원

산책길 들어선 곳
나무들 모여 있는 곳

새들이 지저귄다
아낙네들 소근댄다

그 소리
속삭임으로
'봄이 와요'라고 한다

노래하라

세월을 노래하라
영원을 노래하라

세상을 노래하라
대지를 노래하라

솔잎 위
눈 녹는 소리
온 천지에 가득하다

달빛 고와

세월에 무뎌가고
세상에 초연해도

달빛 저리 고와
내 삶에 젖어 든다

이것이
내 삶이거늘
사랑해야지 오늘을

계절의 선물

겨울은 우리에게
감내를 선물하고

몌별袂別의 꽃수건을
산자락에 던져준다

이어진
봄날의 향연
물결치는 연둣빛

세모歲暮에

오래도록 걸어온 길
돌아보면 사라진 길

남은 달력 한 장
아쉬움은 쌓이고

어느새 저물어간다
바람소리 들으면서

꿈길에서

나설까 아니 아니
설레임 병이 될까

아닌 듯 잊으려나
그래도 어찌할까

이 밤도
또 이리저리
꿈길에서 만나려나

나 오늘은

오늘은 하루 종일
숲 속에 있을래요

잊은 듯 안온하여
숲 속에 있을래요

아니요
잠시 있다가
일상으로 돌아갈래요

권혁범

경기 용인 출생, 중국 공자문화학원 명예교수, 《시조생활》지 취재부장, 세계전통시인협회 회원, 한국문인협회 회원, 한국아동시조시인협회 회원, 시조생활사 신인문학상 수상, 삼호인문아카데미 한문 강사

우시장 가는 날

콩 넣은 쇠죽가마
불 지핀 노인 눈에
무심한 워낭소리
그늘로 흔들린다

새벽에
먼 길 가느니

많이 드시게 많이 드시게

서랍을 정리하며

한 때 필요했던
또는 못 버렸던
내 곁에 있었어도
항상 닫혀 있던
서랍을 정리해 본다 버릴 것 골라본다

먼지와 땟국과
고단에 잔뜩 절은
아집도 욕심도
솔찬이 들었던 곳
저 속에 아직 있을까 그 뽀얗던 얼굴 하나

다림질

우글쭈글 구겨진
저고리를 다린다

자가웃 남짓한
가슴께도 펴본다

어깨선
날이 설 때쯤
자존심도 세워보고

정동진 카페에서

빠알간 머그잔에
커피가 반 잔 남짓

메모지엔 싯구 몇 자 비뚤게 누워있다

스르르 눈을 감는다
파도 하나 부서진다

막장 이야기

새끼들 밥상 위에 입쌀밥 놔 주려고
연옥煉獄의 아가리로 줄지어 들어선다
저 멀리 눈이 닿는 곳

동전만한 하늘빛

눈매와 이빨 말곤 야차夜叉인지 사람인지
곡괭이 찍는 대로 힘줄은 윙윙 울고
막장의 열기 속에도 등줄기엔 식은 땀

지옥도地獄圖 한 폭 속에 거친 숨 내뱉는다
육신을 태우고야 이뤄질 작은 바램

살려고
그저 살려고
목숨조차 걸었다

처음 듣는 것처럼

감꽃 지던 소리에
남폿불 이울던 밤
저번에도 들었던
어머니 그 이야기

가끔씩 추임새 넣었지
처음 듣는 것처럼

또 하루가

서로의 멍든 속을
소주로 소독한다

눈꼬리 풀릴 때쯤
겨우 찾은 자존自尊 하나

이렇게 또 하루가 간다 어제 같은 걸음으로

촛불

사는 게 그런 거지
양달 두 뼘 응달 네 뼘
이만큼 살아내고
또 그만큼 지나가고

제 몸이 모두 타고야
겨우 눈물 거두는

해오라기

긴 다리 낭창낭창
물가의 해오라기
세사에 초탈한
군자의 풍모지만
조그만
머릿속에는
송사리만 오글오글

뿌연 먼지 속에
앞자락에 때 묻을까
한 발짝 물러서서
선비 흉내 낸다지만
하회탈
미소 안에는
빈 쌀독만 아른아른

이은순

서울 출생, 《시조생활》지 편집기자, 세계전통시인협회 회원, 한국문인협회 회원, 한국아동시조시인협회 회원, 시조생활사 신인문학상 수상

봄은 오는데

뺨 스친 봄바람은
저만치 가버리고

개구리 등짝으로
빗방울 떨어진다

어디서
봄은 오는가
나를 보러 왔는가

목련, 그 하얀 꽃잎

새색시
옷을 벗듯
목련이 옷을 벗네

나그네 길을 돌 듯
겨울은 가버리고

춘향이
속적삼 같은
바람이 불어오네

봄은 가고

뉘 집을 둘러보다
내 곁을 찾아왔나

오일장 해장국
그 냄새에 젖은 채로

살구꽃
한두 송이를
남기고 가는 봄아

꽃잎이 지듯

파르르 꽃잎 하나 온몸으로 떨고 있다

바람이 스쳐간다 무성영화 화면처럼

먼 기억 얼굴 하나가 꽃잎 지듯 지는 밤

여름날

거친 담벼락엔
녹음이 일렁이고

그 위에 한줌 햇살
진하게 묻어 있다

여름 날
풋사과 향이
가슴 속을 훑고 간다

풍경 1

비 그친
하늘은
햇살부터 내민다

물방울
잎새 끝에
대롱대롱 매달리고

울 밖에
붉은 꽃잎들
조용히 바람 탄다

코스모스

신에게 버려진 채
땅으로 떨어졌나

야윈 모가지에
바람이 돌아간다

사랑이
흔들고 가면
하늘 더욱 멀어져

가을비

톡톡톡 미안한 듯
몰래오는 그 소리

창틀을 넘나들며
그리움 남겨놓고

가을비 하얀 속살을
조용히 여며가네

아리랑

하얀 옷 품 속으로
아리랑 아리랑이

아득한 그날에도
눈물겹게 부른 노래

달 뜨고 낙엽 지거든
그 속에도 아리랑

권용인

경북 안동 출생, 문학박사, 고전번역교육원 연수부.연구부 졸업, 대림대학교, 숭의여자대학교 출강

쑥부쟁이

기다림이 좋았다
언덕 위 쑥부쟁이

외로움이 좋았다
혼자 젖어 꾸는 꿈

먼 훗날 그대오실 때
하얗게 사원대도

추야秋夜

길 잃은 바람이 여기저기 기웃대다

미루나무 가지 위에 구름으로 걸렸다

귀뚜리 댓돌 아래서 가을밤을 울고 있고

향 수 鄕愁

내 고향 실개천엔 송사리 술래잡고
달빛이 물결 위에 추억을 푸는 밤엔
해묵은 어린 시절이 아장아장 새롭다

베잠방이 악동들의 콩 서리 참외서리
천자문 책거리에 어머님 웃으시고
아버님 율律 읊는 소리 골목 안이 환했다

사부곡思父曲

춘풍이 산들산들 들풀에 내려앉듯

두견杜鵑의 울음소리 진달래 꽃 피우듯

이렇게 살라하셨다 아버님의 그 말씀

아들아

세상을 다 가진 듯 처음으로 느껴본
자식처럼 소중한 그 무엇이 있으랴
아들아, 너는 그랬다 우리에겐 그랬다

네가 있어 엄마 아빠 학부모도 되었고
부모님의 마음도 널 키우며 짐작했다
아들아, 너를 보며 알았다 삶이란 게 무엇인지

며칠 후 결혼하는 너에게 당부는
어떠한 역경도 슬기롭게 극복하여
아들아, 부디 존경받는 가장家長, 아버지가 되기를

거목巨木
— 청암靑巖 선생님

팔순의 연세에도 거목巨木 같은 강건함과
동서학의 바다에서 거침없이 노니시는
우러러 스승님 뵈면 또 하루가 새롭다

무궁무진 쌓은 지식 금은보화 이상이고
게다가 학덕겸전學德兼全 떠오르는 태양 같아
간절히 닮고 싶어라 스승님의 그 모습

사는 일 팍팍할 때 그 어른 생각한다
사소한 아픔일랑 바람결에 날리고
자연의 소리 들으며 경전을 읊으시는

먼 그대

나직나직 속삭이며 가을비가 내린다
그리움이 구름처럼 일어나는 이런 밤엔
먼 그대 가슴 속으로 스며들고 싶어라

가을 하늘

눈부시게 푸르른
가을 하늘 닮고 싶다

기쁨도 숨겨놓고
슬픔도 감췄다가

이런 게
사는 거라고
넌지시 일러주는